I'm Your BooK

네이티브는 **왜?**
영어동사구
를 사용해서
말하는 걸까?

I'm Your Book
네이티브는 왜? 영어동사구를 사용해서 말하는 걸까?

2014년 8월 20일 초판 1쇄 발행
2016년 3월 30일 초판 3쇄 발행
지은이　The Calling(더 콜링)
펴낸이　정정례
펴낸곳　삼영서관
마케팅　김정욱
디자인　디자인클립
주　　소　서울 동대문구 답십리동 469-9 1F
전　　화　02) 2242-3668
팩　　스　02) 2242-3669
홈페이지　www.sysk.kr
이 메 일　syskbooks@naver.com
등 록 일　1978년 9월 18일
등록번호　제 1-261호
책　　값　12,500원
ISBN　978-89-7318-378-4　13740
※ 파본은 구입처에서 교환하여 드립니다.

네이티브는 **왜?**
영어동사구
를 사용해서
말하는 걸까?

by **The Calling**

I'm your Book

Samyoung Publishing House

I'm Your Book 머리말

최근 우리나라에서는 영어 학습이 문자와 리딩 중심에서 회화 중심으로 빠르게 변화하고 있습니다. 그래서 이제 영어 공부의 화두는 영어 회화입니다. 영어 회화를 어떻게 하면 잘할 수 있을까요? 물론 모국어를 습득하는 것과 동일한 환경에 처하는 것이 가장 좋지만, 외국어로써 영어를 배우는 우리에게는 거의 불가능합니다. 그리고 많은 사람들이 실제 활용하는 영어라기 보다는 말 그대로 **책에서 배웠어요!**라는 책에서만 맴도는 영어를 하고 있습니다. 이렇게 의사 소통을 위한 도구인 언어를 너무 어렵게만 접근해 왔습니다. 이제 영어 앞에 당당하고자 하는 당신을 위해 준비했습니다.

⋯▶ 영어는 동사가 중요합니다!

어휘 좀 외웠다 하는 학구파 H씨, 그런데 막상 필요한 문장을 만들지 못합니다. 영어에서 동사는 단순하게 한 가지 의미가 아니라 여러 가지 의미로 쓰이기 때문에, 단순한 암기로 활용하기 어렵습니다. 그리고 원어민의 일상회화를 들여다보면 기본 동사 10여 개로 다양하게 쓰이고 있음을 알 수 있습니다. 어떤 원어민은 소위 영어 공부한 한국인의 영어회화에는 너무 어려운 어휘가 많다고 하더군요. 어쩌면 우리는 영어 동사 활용이라는 지름길을 두고 5,000단어 외우기라는 먼 길을 돌아간 건지 모릅니다. 이 책을 편 독자 중 get, take, put을 모르는 분 계실까요? 하지만 이 세 동사로 과연 몇 문장을 만들어 볼 수 있나요? 활용 범위가 넓은 동사, 그것도 가장 많이 사용되는 십여 개 정도만 정복해도 영어 회화가 편해집니다.

⋯▶ 영어는 동사+전치사 구의 활용이 중요합니다!

원어민과 일상의 수다를 떨기 위해 P씨는 머릿속에 **옷을 입다**라는 말로 동사 wear를 떠올렸는데, 막상 원어민은 put on이라고 하네요. P씨도 put on이라는 숙어를 외웠고 **옷을 입다**라는 의미가 있다는 것도 알고 있는데, 왜 활용하지 못했을까요? 이처럼 내가 사전에서 찾은 **옷을 입다**라는 뜻의 영어 단어와 실제 회화에서 쓰이는 영어 단어(또는 구)는 종종 차이를 보입니다. 이것이 언어는 단순한 공식 대입이 아니라 감각이 필요함을 알려 주는 바입니다.

그리고 또 한 가지! 알고 있는 기본 동사 중 하나인 put과 다양한 전치사의 결합을 통해 많은 표현으로 파생됩니다. 이렇기 때문에 많이 외우는 것보다 기본을 중심으로 확장해 가는 것에 초점을 맞춰야 합니다.

⋯▸ 영어는 머릿속에 들어있는 어휘보다 내 입으로 활용할 수 있는 어휘가 중요합니다!

영어 학원도 열심히 다니고, 마스터 한 교재도 엄청 많은 S씨, 그렇지만 회화 수준은 이제 막 영어 공부를 시작한 초등학교 조카보다 못합니다. 회화를 잘 하려면, 얼마나 많이 머릿속에 넣었냐보다 얼마나 입 밖으로 잘 표현하느냐 가 관건입니다. 100개의 어려운 표현을 넣는 것만 노력하기보다는 50개의 쉬 운 표현을 넣고 그것들을 다시 꺼내는 것에 힘써야 합니다.

이 책은 바로 거창하지 않지만 알고 있어도 잘 쓸 수 없었던 표현, 그 미묘한 차이점을 몰라 제대로 활용할 수 없었던 표현을 정리한 책입니다. 그래서 그 동안 많은 시간과 노력을 투자했으나 성과가 없었던 학습자들에게 **영어는 도 전할 만하다**라는 **자신감**과 **나도 할 수 있다**라는 성취감을 느낄 수 있도록 작 은 힘이 되고자 합니다.

이 책이 완성되기까지 늘 함께하는 오랜 친구 윤수, 멀리에서도 내 일처럼 발 벗고 도와주는 Colin에게 고마움을 전합니다.
그리고 내 삶의 이유가 되시는 하나님께 영광을 올려 드립니다.

저자 더 콜링

I'm Your Book 이 책의 **필요성 & 특징**

⋯ 필요성

영어는 우리말과 다르게 하나의 단어가 의미를 확장하여 다양한 뜻으로 사용되는 특징이 있습니다. 특히 회화에서는 어려운 말을 쓰기보다 기본 동사에 여러 전치사 등을 붙인 숙어 형태가 많이 쓰입니다. 그리고 사전에서 단순한 의미 해석으로 찾은 단어를 쓰다 보면 뉘앙스가 안 맞는 표현이 되기 쉽습니다.

❶ 동사만 쓰기보다는 기본 동사에 전치사를 붙여 사용하면, 단순한 동사의 뜻에서 확장되어 그 의미를 좀 더 다양하고 구체적으로 나타낼 수 있습니다.

기본 동사 look은 **보다**인데, 어떤 전치사를 붙이느냐에 따라 여러 가지 의미로 쓸 수 있습니다.

look + at = ~를 보다   look + up = 올려다보다
look + down = 내려다보다   look + for = 찾아보다

❷ 모든 의미의 동사를 모두 암기하기 보다 쉬운 동사를 바탕으로 한 동사구를 활용합니다.

예를 들어 **충돌하다**라는 의미인 collide는 바로 생각나지 않지만, 무엇을 향해 돌진하며 충돌하는 모습인 run into를 떠올리는 것은 훨씬 쉽습니다. 이처럼 동사와 전치사 각각의 의미를 조합하여 만들어지는 동사구는 기억하기 수월합니다. 또 다른 예로 **착수하다**라는 뜻의 initiate나 launch는 기본 동사를 사용한 set about, get down to로 바꿔 쓸 수 있으며, 이러한 동사구 표현이 일상 생활에서는 오히려 더 흔히 사용됩니다.

⋯ 특징

❶ 양보다는 질적으로 엄선한 동사구 표현

기존에 출간된 도서 중에는 단어장처럼 하나의 동사구에 여러 개의 뜻을 알려 주고, 확장된 뜻까지 합쳐 몇 천 개나 되는 것도 있습니다. 물론 양적으로 많이 알고 넘어가면 좋겠지만 오히려 학습자에게 부담만 됩니다.
그래서 이 책에서는 원어민이 일상 생활에서 자주 사용하는 기본 어휘 230여 개를 엄선하여, 동사구 500여 개를 제시하였습니다.

❷ 우리말로 제시된 동사구 표현

동사를 중심으로 다양한 동사구를 제시한 책은 많이 있습니다. 하지만 무턱대고 동사구를 몇 백개씩 외운다고 해도 실제로 외국인을 만났을 때 적당한 표현을 떠올리기는 쉽지 않습니다. 대부분의 한국인들이 하고 싶은 말을 먼저 우리말로 떠올리고 그에 맞는 표현으로 바꾸는 과정을 거치는 점을 고려할 때 우리말 중심으로 학습하면 좀 더 수월하게 원하는 내용을 전달할 수 있습니다. 그리고 하나의 의미에 해당하는 다양한 동사구를 함께 수록하고 그 중 더 많이 사용하는 어휘를 우선순위에 놓았으며, 각 표현이 가지고 있는 쓰임새와 미묘한 뉘앙스의 차이도 함께 설명하였습니다. 같은 의미로 자주 쓰이는 **단독 동사**, 또는 **동사＋명사**로 이루어진 구(句) 등도 제시하여 다양하게 활용할 수 있도록 정리하였습니다.

❸ 생생한 회화를 통해 동사구의 의미와 영어 회화를 한 번에

문장을 통한 예문뿐 아니라 실제 회화에서 사용되는 느낌을 전달하기 위해 모든 구(句)에는 회화 예문이 있습니다. 집, 학교, 직장, 여행 등 일상에서 바로 쓸 수 있는 살아 있는 회화 예문을 통해 동사구의 실제 쓰임새를 자연스럽게 익힐 수 있습니다.

❹ 많이 쓰이는 전치사 정리

앞에서 공부했던 동사구를 전치사 중심으로 다시 복습할 수 있습니다. 많이 나오는 전치사 19개와 부사 1개를 대표적 의미별로 정리하였습니다.

❺ 필요한 동사구 표현을 쉽게 찾을 수 있는 한/영 INDEX

내가 써 먹을 표현을 바로 찾을 수 있어야겠죠. 공부했던 그 표현이 막 떠오르지 않을 때 바로 찾을 수 있도록 가나다 순과 ABC 순으로 정리된 INDEX를 제공합니다.

❻ 원어민이 녹음한 MP3 파일

모든 문장과 회화 예문은 원어민의 녹음이 제공됩니다. 영어 회화는 눈으로만 익히는 것이 아니라 귀로도 함께 익혀야 합니다.

I'm Your Book 이 책의 **활용법**

전치사의 대표적 의미
많이 쓰이는 전치사를 엄선하여 대표적인 의미 별로 정리하였습니다. 그리고 예문은 앞에서 나왔던 문장이기 때문에 동사를 중심으로 공부했던 것을 전치사 중심으로 다시 정리할 수 있습니다.

동사+전치사 활용
전치사 의미 별로 정리된 동사구를 살펴보며 공부한 표현을 복습합니다.

우리말로 찾아보는 어휘
어휘의 차례는 우리말로 찾아볼 수 있도록 제목은 우리말 의미로 되어 있습니다.

우선순위 필수동사구 100
원어민이 고른 우선순위 동사구 100개입니다. 꼭 기억해 두세요!

동사구 제시
사전적 의미와 쓰임새에 대해 간단하게 설명되어 있습니다. 예문을 통해 어떻게 쓰이는지 살펴볼 수 있습니다.

tip
제시된 어휘에서 파생되는 표현이나, 간단한 보충 설명을 통해 학습의 이해를 돕습니다.

● 일어나다 01

get up과 wake up 모두 일어나다라는 의미로 쓰이지만, get up은 잠이 깨어 잠자리에서 일어나는 동작에 초점을 맞춘 것이고, wake up은 잠이 깨어 눈을 뜬 상태를 가리키는 표현입니다.

● ★ **get up** (잠자리에서) 일어나다
Get up now, or you'll be late.
일어나, 늦겠어.

wake up (잠에서) 깨다
I wake up to the sound of my alarm.
난 알람 소리에 잠이 깬다.

● **get out of bed** 잠자리에서 일어나다
▶ get out of는 ~에서 빠져 나오다라는 뜻이므로, 잠이 깬 여부보다 잠자리에서 나오는 모습에 초점을 맞춘 표현입니다.
I already woke up but don't want to get out of bed.
잠은 깼지만 일어나고 싶지 않아.

● tip **get up on the wrong side of the bed / get out of bed on the wrong side** 아침부터 기분이 안 좋다
→ 아침에 잠자리에서 일어날 때 나을 매 항상 내려서던 방향이 아닌 다른 쪽으로 나온다는 뜻으로, 아침부터 이유 없이 기분이 안 좋을 때 쓰는 표현입니다.
앞의 것은 미국식 표현, 뒤의 것은 영국식 표현입니다.

회화 에서는 이렇게

A It's 7 o'clock! Get out of bed! 7시야! 일어나!
B I don't want to get up yet. 아직 일어나고 싶지 않은데.
A But you have to go to work! 그렇지만 출근해야 하잖아!
B No, I don't. The office is closed today. 안 해. 오늘 사무실이 쉬어.

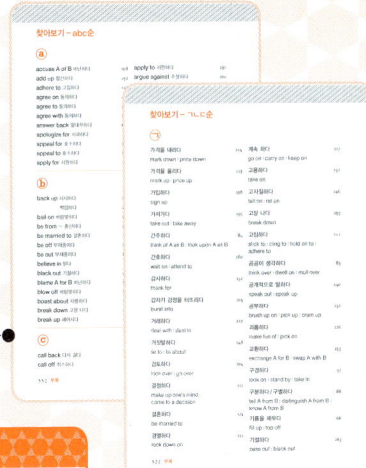

찾아보기

필요한 어휘를 우리말이나 영어로 찾아 볼 수 있는 INDEX입니다.

씻다 02

wash는 물로 씻어내는 것을 의미하므로, 세수나 설거지 등과 관련된 표현으로 많이 쓰입니다. 그런데 세수하다는 wash나 wash up으로만 표현할 수 있습니다.

wash up

세수하다
▶ 설거지하다라는 의미로도 쓰입니다.

Get up and go wash up right now!
당장 일어나서 세수하러 가!

+plus idioms

take a bath 목욕하다
take a shower 샤워하다
▶ 목욕(bath)이나 샤워(shower)하다라는 표현은 동사 take 와 함께 씁니다.

When you get home you should take a shower first.
집에 도착하면 샤워부터 하렴.

plus idiom

동사구 외에 같거나 비슷한 의미이지만 다른 구조인 구(句)나 단어나 숙어를 제시하여 다양한 어휘 활용에 도움이 됩니다.

회화에서는 이렇게

A What happened to you?
B I was helping Tim build a swing for his kids.
A Well, you're a little dirty. Go wash up for dinner.
B No problem. I'm starving!

무슨 일이 있었니?
팀이 아이들 그네 만드는 것을 도와주고 있었어.
음, 좀 더러워졌구나. 저녁 먹게 가서 씻으렴.
그래. 난 배고파 죽겠어!

회화에서는 이렇게

단순한 문장 예문으로는 뉘앙스를 파악하기 어렵습니다. 주고 받는 대화를 통해 어떤 상황에서 적절하게 사용할 수 있는지 언어적인 감각을 키워 줍니다.

UNIT 01 일과 25

I'm Your Book 목차

머리말 • 04
이 책의 필요성&특징 • 06
이 책의 활용법 • 08
목차 • 10

CHAPTER 1 일상 생활

UNIT 1 일과

01	일어나다 get up ǀ wake up ǀ get out of bed	24
02	씻다 wash up	25
03	먹다 eat up ǀ munch on ǀ finish off	26
04	마시다 drink up	27
05	입다 put on ǀ have on ǀ dress up	28
06	벗다 take off ǀ throw off ǀ pull off	29
07	화장하다 make up ǀ put on	30
08	화장을 지우다 take off ǀ wash off ǀ wipe off	31
09	잠자리에 들다 go to bed ǀ turn in	32
10	자다 get to sleep ǀ stay in bed ǀ sleep in	33

UNIT 2 삶과 생활

01	살다 1 live in ǀ live away from ǀ settle down	36
02	살다 2 live on ǀ feed on ǀ get by	37
03	이사하다 move to ǀ move into ǀ move out	38
04	숨쉬다 breathe in ǀ breathe out	39
05	외식하다 eat out ǀ dine out	40
06	눕다 lie down ǀ lie on ǀ lie back	41
07	밤을 새다 sit up ǀ stay up	42
08	졸다 doze off ǀ nod off ǀ drop off	43
09	꿈꾸다 dream of ǀ dream about	44

UNIT 3 집안일

01	요리하다 cook up	46
02	설거지하다 wash up ǀ wash off ǀ wash out	47

03	청소하다 clean up ǀ clean out	48
04	닦다 wipe up ǀ mop up	49
05	정리하다 straighten up ǀ tidy up	50
06	버리다 throw away ǀ empty out ǀ dispose of	51
07	빨래하다 wash out	52
08	빨래를 널다 hang out ǀ spread out ǀ hang up	53
09	빨래를 걷다 bring in ǀ take in	54

UNIT 4 교통

01	타다 get on ǀ get in ǀ hop in	56
02	타고 가다 go by ǀ go on ǀ go in	57
03	내리다 get off ǀ get out of	58
04	운전하다 drive up ǀ drive on ǀ drive away	59
05	태우다 pick up ǀ take on	60
06	내려 주다 let off ǀ drop off	61
07	정비하다 tune up	62
08	주차하다 pull up ǀ pull in ǀ pull over ǀ pull into	63
09	충돌하다 bump into ǀ run into ǀ run over	64
10	속도를 내다 / 속도를 줄이다 speed up / slow down	65
11	기름을 채우다 fill up ǀ top off	66
12	조심하다 watch out ǀ look out	67

CHAPTER 2 구체적 동작과 추상적 동작

UNIT 1 동작

01	~까지 가다 go up to ǀ come up to	72
02	~하러 가다 / ~하러 오다 go for / come for	73
03	서성거리다 walk around ǀ pace around ǀ hang around	74
04	돌아가다 go back to ǀ get back to ǀ return to	75
05	잡아당기다 / 밀어붙이다 pull on / push against	76
06	운동하다 work out ǀ warm up	77
07	앉다 sit on ǀ sit by ǀ sit down	78
08	서다 stand up	79
09	달리다 run up ǀ run down	80

UNIT 2 생각

01	~을 생각하다 think about ǀ think of	82
02	곰곰이 생각하다 think over ǀ dwell on ǀ mull over	83
03	간주하다 think of A as B ǀ look upon A as B	84
04	생각해 내다 come up with ǀ think up ǀ hit on	85
05	상의하다 talk over ǀ consult about	86
06	믿다 believe in ǀ trust in ǀ count on	87
07	구분하다 / 구별하다 tell A from B ǀ distinguish A from B ǀ know A from B	88
08	분리하다 / 분류하다 separate from ǀ sort out ǀ classify as	89
09	오해하다 mistake A for B	90

UNIT 3 감각

01	보다 look at	92
02	올려다보다 / 내려다보다 look up / look down	93
03	빤히 쳐다보다 stare at ǀ gaze at	94
04	힐끔 쳐다보다 glance at	95
05	외면하다 look away (from ǀ turn away from	96
06	구경하다 look on ǀ stand by ǀ take in	97
07	회상하다 look back on ǀ flash back to	98
08	잘 듣다 listen up ǀ hear out	99
09	엿듣다 listen in on	100

UNIT 4 감정

01	진정하다 calm down ǀ cool down ǀ settle down	102
02	털어버리다 laugh off ǀ brush off	103
03	동정하다 feel for ǀ sympathize for	104
04	갑자기 감정을 터뜨리다 burst into	105
05	웃다 smile at ǀ laugh at	106
06	불평하다 complain about ǀ grumble about	107
07	비난하다 blame A for B ǀ criticize A for B ǀ accuse A of B	108

UNIT 5 기타

01	선택하다 pick out ǀ opt for	110
02	결정하다 make up one's mind ǀ come to a decision	111
03	고집하다 stick to ǀ cling to ǀ hold on to ǀ adhere to	112
04	준비하다 prepare for	113
05	성공하다 succeed in ǀ manage to	114

06	실패하다 fail in ǀ mess up ǀ fall through	115
07	괴롭히다 make fun of ǀ pick on	116
08	계속 하다 go on ǀ carry on ǀ keep on	117
09	나타나다 show up ǀ turn up	118
10	자랑하다 show off ǀ boast about	119

CHAPTER 3 커뮤니케이션

UNIT 1 인사

01	우연히 만나다 1 run into ǀ bump into	124
02	우연히 만나다 2 run across ǀ come across	125
03	안부를 묻다 ask about ǀ inquire about	126
04	소식을 듣다 hear from ǀ hear of	127
05	소개하다 introduce A to B ǀ present A to B	128
06	~ 출신이다 come from ǀ be from	129
07	초대하다 invite to ǀ ask over	130
08	대접하다 treat to	131
09	감사하다 thank for	132
10	사과하다 apologize for	133
11	용서하다 forgive for ǀ excuse for ǀ pardon for	134
12	배웅하다 see off ǀ see out	135

UNIT 2 의사소통

01	말하다 1 speak of ǀ talk about	137
02	말하다 2 speak to ǀ talk to	138
03	수다를 떨다 talk away ǀ chat away	139
04	공개적으로 말하다 speak out ǀ speak up	140
05	소리치다 scream out ǀ yell out ǀ cry out	141
06	말다툼 하다 argue with ǀ quarrel with	142
07	대답하다 reply to ǀ respond to	143
08	말대꾸하다 talk back ǀ answer back	144
09	호소하다 appeal to ǀ appeal for	145
10	고자질하다 tell on ǀ rat on	146
11	누설하다 / 숨기다 let on / cover up	147
12	거짓말하다 lie to ǀ lie about	148

UNIT 3 연락

01	전화 걸다 call up | ring up | phone up	150
02	연결되다 get through (to) | connect to	151
03	바꿔 주다 put on | put through	152
04	전화를 끊지 않고 기다리다 hold on | hang on	153
05	전화를 끊다 hang up | ring off	154
06	다시 걸다 call back | get back to	155
07	편지를 교환하다 correspond with | communicate with	156
08	답장하다 write back	157
09	접촉하다 keep in touch with | keep in contact with	158

UNIT 4 데이트&관계

01	데이트 신청하다 ask out | go out with	160
02	꼬시다 hit on | hook up with | come on to	161
03	사귀다 hang out with | socialize with	162
04	어울려 지내다 get along | get on with	163
05	끌고 다니다 drag around | pull around	164
06	바람맞히다 stand up | blow off | bail on	165
07	좋아하다 fall in love with | fall for	166
08	헤어지다 break up | split up | part with	167
09	바람피우다 cheat on	168
10	배신하다 turn against	169
11	존경하다 look up to	170
12	경멸하다 look down on	171

UNIT 5 결혼&육아

01	청혼하다 propose to	173
02	결혼하다 be married to	174
03	축하하다 / 칭찬하다 congratulate on / compliment on	175
04	아이를 키우다 bring up	176
05	성장하다 grow up | shoot up	177
06	돌보다 look after | care for	178
07	의존하다 depend on | rely on | turn to	179
08	야단치다 tell off | talk down to	180

CHAPTER 4 회사

UNIT 1 회사 생활

01	일하다 work for ǀ work at ǀ work in	186
02	출근하다 go to work ǀ get to work ǀ come to work	187
03	퇴근하다 get off work ǀ get out of the office	188
04	휴가 내다 take off ǀ have off	189
05	파업하다 go on strike	190
06	지원하다 apply for ǀ apply to	191
07	고용하다 / 해고하다 take on / lay off ǀ dismiss from	192
08	승진하다 / 이직하다 move up / move on	193
09	퇴직하다 resign from ǀ retire from	194
10	출장 가다 go on a business trip ǀ go out of town	195
11	부재중이다 be out ǀ be off	196

UNIT 2 회의

01	소집하다 call up ǀ ask for	198
02	제안하다 bring up	199
03	주장하다 insist on ǀ argue for ǀ argue against	200
04	동의하다 agree with ǀ agree to ǀ agree on	201
05	반대하다 disagree with ǀ object to ǀ go against	202
06	지지하다 back up ǀ stand up for ǀ stand by	203
07	검토하다 look over ǀ go over	204
08	처리하다 deal with ǀ cope with	205
09	삭감하다 cut down on ǀ cut back on	206
10	마무리하다 wrap up ǀ wind up	207

UNIT 3 비즈니스

01	착수하다 set about ǀ set out to ǀ get down to	209
02	조사하다 look into ǀ search into ǀ inquire into	210
03	설득하다 persuade of ǀ win over ǀ prevail on	211
04	거래하다 deal with ǀ deal in	212
05	가격을 올리다 mark up ǀ price up	213
06	가격을 내리다 mark down ǀ price down	214
07	방문하다 call on	215
08	맞이하다 / 전송하다 see in / see off	216
09	취소하다 call off ǀ take back	217
10	파산하다 go under	218

CHAPTER 5 학교

UNIT 1 학교 생활

01	입학하다 get into	224
02	졸업하다 graduate from	225
03	자퇴하다 drop out	give up	226
04	전공하다 major in	specialize in	227
05	수강하다 go for	228
06	수강신청을 하다 sign up for	register for	enroll in	229
07	(도서관에서) 대출하다 check out	230

UNIT 2 수업

01	공부하다 brush up on	pick up	cram up on	232
02	노력하다 work on	strive for	233
03	몰두하다 give oneself to	devote oneself to	234
04	집중하다 concentrate on	focus on	235
05	이해하다 figure out	make out	236
06	이해되다 get across	come across	237
07	따라가다 keep up with	get ahead	get behind	238
08	작성하다 write up	write out	draw up	239
09	제출하다 hand in	pass in	turn in	240
10	필기하다 write down	take down	put down	241
11	찾아보다 look up	search for	look for	242
12	커닝하다 cheat on	243

CHAPTER 6 장소

UNIT 1 쇼핑

01	둘러보다 look around	browse around	248
02	~해 보다 try on	try out	249
03	지불하다 pay for	pay with	pay in	250
04	깎아 주다 take off	come down	251
05	합산하다 add up	figure out	total up	252
06	교환하다 exchange A for B	swap A for B	253
07	반품하다 take back	bring back	254
08	가져가다 take out	take away	255

UNIT 2 병원

01	병을 앓다 suffer from ǀ go through	257
02	토하다 throw up ǀ cough up	258
03	수술하다 operate on ǀ operate for	259
04	간호하다 wait on ǀ attend to	260
05	회복하다 get over ǀ recover from	261
06	소생하다 come around ǀ bring around	262
07	기절하다 pass out ǀ black out	263
08	사망하다 pass away ǀ die of	264

UNIT 3 은행

01	저축하다 save up ǀ put aside ǀ put away	266
02	인출하다 take out ǀ withdraw from	267
03	돈을 갚다 pay off ǀ pay up	268
04	신청서를 쓰다 fill out ǀ fill in	269

CHAPTER 7 여가

UNIT 1 여행

01	여행하다 go on a trip	274
02	~를 향해 떠나다 leave for ǀ head for ǀ make for	275
03	이륙하다 take off	276
04	착륙하다 come down ǀ touch down	277
05	출발하다 set off ǀ set out	278
06	도착하다 get to ǀ arrive at	279
07	잠시 들르다 stop by ǀ drop by ǀ go by	280
08	연기하다 put off ǀ hold off	281
09	머물다 put up at ǀ lay over ǀ stop over	282
10	체크인 하다 / 체크아웃 하다 check in / check out	283

CHAPTER 8 네트워크

UNIT 1 컴퓨터

01	(컴퓨터를) 켜다 turn on | switch on	288
02	(컴퓨터를) 끄다 turn off | switch off	289
03	설치하다 set up | put in	290
04	백업하다 back up	291
05	바이러스를 점검하다 check for viruses	292
06	고장 나다 break down	293

UNIT 2 인터넷

01	접속하다 get on | connect to | tap into	295
02	로그인 하다 log in | log on | sign in	296
03	로그아웃 하다 log out | log off | sign out	297
04	가입하다 sign up	298

부록

• 필수 전치사 마스터하기

01	up	302
02	down	202
03	in	304
04	out	305
05	on	306
06	off	307
07	from	308
08	to	309
09	over	310
10	into	311
11	for	312
12	against	313
13	along	313
14	by	314
15	around	315

16	at	316
17	away	317
18	with	318
19	through	319
20	back	320

- 찾아보기_ㄱㄴㄷ 순   322

- 찾아보기_abc 순   332

PHRASE VERBS

CHAPTER
1

일상생활

UNIT 01 일과
UNIT 02 삶과 생활
UNIT 03 집안일
UNIT 04 교통

CHAPTER 1 일상생활

UNIT 01

일과

01 일어나다
02 씻다
03 먹다
04 마시다
05 입다
06 벗다
07 화장하다
08 화장을 지우다
09 잠자리에 들다
10 자다

일어나다 01

get up과 wake up 모두 일어나다라는 의미로 쓰이지만, get up은 잠이 깨어 잠자리에서 일어나는 동작에 초점을 맞춘 것이고, wake up은 잠이 깨어 눈을 뜬 상태를 가리키는 표현입니다.

★ **get up** (잠자리에서) 일어나다

> Get up now, or you'll be late.
> 일어나. 늦겠어.

wake up (잠에서) 깨다

> I wake up to the sound of my alarm.
> 난 알람 소리에 잠이 깬다.

get out of bed 잠자리에서 일어나다

▶ get out of는 ~에서 **빠져 나오다**라는 뜻이므로, 잠이 깬 여부보다 잠자리에서 나오는 모습에 초점을 맞춘 표현입니다.

> I already woke up but don't want to get out of bed.
> 잠은 깼지만 일어나고 싶지 않아.

(tip) get up on the wrong side of the bed / get out of bed on the wrong side 아침부터 기분이 안 좋다

→ 아침에 침대에서 일어나 나올 때 항상 내려서던 방향이 아닌 다른 쪽으로 나온다는 뜻으로, 아침부터 이유 없이 기분이 안 좋을 때 쓰는 표현입니다.
앞의 것은 미국식 표현, 뒤의 것은 영국식 표현입니다.

회화에서는 이렇게

A It's 7 o'clock! Get out of bed!
B I don't want to get up yet.
A But you have to go to work!
B No, I don't. The office is closed today.

7시야! 일어나!
아직 일어나고 싶지 않은데.
그렇지만 출근해야 하잖아!
안 해. 오늘 사무실이 쉬어.

씻다 02

wash는 물로 씻어내는 것을 의미하므로, 세수나 설거지 등과 관련된 표현으로 많이 쓰입니다. 그런데 세수하다는 wash나 wash up으로만 표현할 수 있습니다.

wash up

세수하다

▶ **설거지하다**라는 의미로도 쓰입니다.

Get up and go wash up right now!
당장 일어나서 세수하러 가!

 take a bath 목욕하다

take a shower 샤워하다

▶ 목욕(bath)이나 샤워(shower)하다라는 표현은 동사 take와 함께 씁니다.

When you get home you should take a shower first.
집에 도착하면 샤워부터 하렴.

회화에서는 이렇게

A What happened to you?
B I was helping Tim build a swing for his kids.
A Well, you're a little dirty. Go wash up for dinner.
B No problem. I'm starving!

무슨 일이 있었니?
팀이 아이들 그네 만드는 것을 도와주고 있었어.
음, 좀 더러워졌구나. 저녁 먹게 가서 씻으렴.
그래. 난 배고파 죽겠어!

먹다 03

eat 외에도, munch나 finish를 이용하여 먹다라는 표현을 할 수 있습니다.

eat up

다 먹다

▶ **완전히**라는 의미의 up을 붙여 **남김없이 다 먹다**라는 뜻이 됩니다.

Eat up your vegetables and you can have dessert.
채소를 다 먹어야 디저트를 먹을 수 있어.

munch on

우적우적 씹어 먹다

▶ 사과나 비스킷처럼 딱딱한 것을 씹어먹을 때 사용하는 표현입니다. 간단하게 **간식을 먹다**라는 의미로도 쓰입니다.

I munch on an apple every morning.
아침마다 사과를 먹는다.

★ finish off

~을 마치다

▶ **식사를 마치다**라는 의미로 사용합니다.

If no one wants that last piece of pizza, I'll finish it off.
아무도 마지막 피자 조각을 원치 않는다면, 내가 먹어 버릴 거야.

> **tip** help oneself to 마음껏 먹다
> → 사람을 대접할 때 **마음껏 드세요**라는 인사말로도 사용합니다.

에서는 이렇게

A That was a great party!
멋진 파티였어!

B Thanks. Help yourself to some more cake.
고마워. 케이크 좀 더 먹어.

A Nooo! I can't eat anymore.
아아니! 더 이상 못 먹겠어.

B Take it home then. Finish it off later.
그럼 집에 가져가. 나중에 다 먹으렴.

마시다 04

마시다라는 **drink**를 이용한 표현 외에 여러 가지 표현이 있습니다.

drink up

모두 마시다

▶ up과 함께 쓰여 **모두 마셔버리다, 쭉 들이키다**라는 표현이 됩니다.

Drink it up now, or we'll miss the last bus!
쭉 들이켜, 안 그러면 막차를 놓칠 거야!

have[take] a sip 홀짝 마시다

▶ 조금씩 홀짝 마시는 행동을 sip이라고 합니다. sip 자체로도 동사가 될 수 있지만, 동사 have나 take와 함께 써서 표현하기도 합니다.

She **took a sip** of her coffee but it was too hot.
그녀는 커피를 홀짝거리며 마셨는데 너무 뜨거웠다.

> (tip) **Bottoms up!** 원샷!
> → 우리가 흔히 술자리에서 말하는 원샷(one shot)은 사실 **한 잔**이라는 의미입니다. 올바른 영어 표현은 Bottoms up!이랍니다.

 에서는 이렇게

A That fruit juice looks delicious.
B Go ahead. **Have a sip**.
A Yuck! That tastes terrible!
B Well, don't pour it down the sink. I like it.

저 과일 주스 맛있겠다.
그래. 마셔 봐.
윽! 맛이 별론데!
음, 싱크대에 버리진 마. 난 좋아하니까.

입다 05

put on은 입는 동작에, have on은 입고 있는 상태에 초점을 맞춘 표현입니다. 그 밖에 dress up은 평소보다 격식을 차려 입는 것을 의미합니다.

put on

입다
▶ 옷뿐 아니라 모자, 액세서리, 신발 등 몸에 걸치는 모든 것에 해당됩니다.

It's cold outside. Put your coat on.
밖의 날씨가 추워. 코트를 입으렴.

have on

~을 입고 있다

She has a red sweater on. You can find her easily.
그녀는 빨간 스웨터를 입고 있어. 쉽게 찾을 수 있을 거야.

★dress up

정장하다, 차려 입다
▶ dress는 옷을 입다, 옷을 입히다라는 의미입니다.

I dressed up for my friend's wedding.
친구 결혼식에 가려고 옷을 차려 입었다.

> **tip** be dressed in ~옷을 입고 있다
> → 옷을 입고 있는 상태를 나타낼 때는 dress를 수동태로 표현하여 be dressed in 또는 get dressed in으로 씁니다.

회화에서는 이렇게

A I don't know what to wear to the wedding.
B Hmm. Well, don't wear your jeans.
A I don't like to dress up.
B Why don't you put on your blue suit. You look nice in that.

결혼식에 뭘 입어야 할지 모르겠네.
흠. 글쎄. 청바지는 입지 마.
차려 입고 싶진 않은데.
네 푸른색 정장 어때?
잘 어울리던데.

벗다 06

take off는 put on의 반대말로 일반적으로 옷을 벗는 동작을 가리키며, throw off는 옷을 벗어 던지는(throw) 동작을 말합니다.

★ **take off**   벗다

In Korea, you should take off your shoes in the house.
한국에서는, 집 안에서 신발을 벗어야 해.

throw off   벗어 던지다

He threw off his clothes and jumped in the shower.
그는 옷을 벗어 던지고 샤워실로 뛰어 들어갔다.

pull off   벗다

▶ 장갑이나 양말처럼 잡아당겨(pull) 벗을 때 사용합니다.

He pulled off his gloves to shake hands.
그는 악수를 하려고 장갑을 벗었다.

회화에서는 이렇게

A It's too hot for this sweater.
이 스웨터 너무 더운데.

B Take it off then. You have another shirt in your bag, right?
그럼 벗어. 가방에 다른 셔츠 있잖아, 그렇지?

A Yeah, I totally forgot.
응, 완전히 잊고 있었네.

B Then go in the washroom and change your clothes.
그럼 화장실에 가서 갈아입어.

화장하다 07

화장을 하다라는 **make up** 외에도, 화장품도 옷처럼 몸에 바르는 것으로 간주하여 입다인 **wear**나 **put on**을 써서 표현할 수 있습니다.

make up

화장을 하다

▶ make up은 화장을 하다라는 동사, make-up은 화장이라는 명사가 됩니다.

It takes one hour for her to make herself up.
그녀는 화장하는 데 한 시간이나 걸린다.

put on

~을 (얼굴에) 바르다

She doesn't put on make-up. She likes the natural look.
그녀는 화장을 하지 않아. 자연스러운 모습을 좋아하거든.

+plus idioms

wear[put on] make-up 화장을 하다

▶ 명사 make-up은 wear나 put on과 함께 사용하여 동사 make up과 같은 의미가 됩니다.

Please wait in the living room while I put on my make-up.
화장하는 동안 거실에서 기다려 주세요.

회화에서는 이렇게

A Hurry up! We're going to be late.
B Just wait. I have to put on my make-up.
A How long will that take?
B Ten minutes...maybe less.

서둘러! 우리 늦겠어.
잠시만. 화장해야 해.
얼마나 걸려?
10분… 덜 걸릴 수도.

화장을 지우다 08

wash off는 물로 씻어 화장을 지우는 것을, **wipe off**는 화장솜 등으로 화장을 닦아 지우는 것을 가리킵니다.

★ take off

화장을 지우다

▶ put on의 반대말인 take off를 사용하여 표현합니다.

It takes longer to put on make-up than to take it off.
화장을 지우는 것보다 화장을 하는 데 더 오래 걸린다.

wash off

씻어 없애다

▶ 눈물이나 빗물 등으로 화장이 지워졌을 때에도 쓸 수 있는 표현입니다.

Tears have washed off my eye make-up.
눈물에 눈 화장이 지워져 버렸다.

★ wipe off

닦아 지우다

Wipe off your lipstick with this tissue.
이 휴지로 립스틱을 닦으세요.

> **tip** **with one's make-up on** 화장한 채로
> → 화장을 지우지 않고 잠이 든 경험 있죠? 화장한 채로, 화장을 지우지 않은 채라는 의미로 쓰입니다.

에서는 이렇게

A What are you doing, honey?
B I'm taking off my make-up.
A Okay, come to the kitchen when you're done. I'm making coffee.
B Alright. I'm almost done washing it off.

여보, 지금 뭐 해요?
화장 지우는 중이에요.
알았어요. 끝나면 부엌으로 와요. 내가 커피 끓일게요.
그래요. 거의 다 씻었어요.

잠자리에 들다 09

자다는 sleep이지만, 잠자리에 드는 행동을 강조하는 표현으로 **go to bed**가 있습니다. 그밖에 구식 표현으로 **turn in**이 쓰이기도 합니다.

★ go to bed

취침하다

It's already 10. Time to go to bed, babies!
벌써 10시구나. 자러 갈 시간이야, 애들아!

turn in

잠자리에 들다

I'm very tired now. I'm dying to turn in.
정말 피곤해. 자러 가고 싶어 죽겠어.

> **+plus idioms**
>
> ### hit the sack 잠자리에 들다
>
> ▶ 미국에서 쓰는 속어 표현입니다. sack은 원래 밀가루 등을 담는 **포대나 봉지**를 뜻하는 단어인데, 속어 표현으로 **침대**라는 뜻을 가지고 있습니다.
>
> I think I'm getting a fever. Maybe I'll hit the sack early tonight.
> 열이 있는 것 같아. 오늘 밤에는 일찍 자야겠어.

회화에서는 이렇게

A I'm going to turn in now.
B Alright, Dad. Have a good sleep.
A Are you going to go to bed soon?
B No, I want to finish reading this book.

난 지금 자러 간다.
네, 아빠. 안녕히 주무세요.
넌 곧 잘 거니?
아니요, 이 책을 다 읽으려고요.

자다 10

자다와 관련된 표현으로, 잠이 들다라는 **get to sleep**, 잠든 여부와 상관없이 일어나지 않고 계속 누워 있는 상태를 가리키는 **stay in bed** 등이 있습니다.

get to sleep

잠이 들다

▶ 잠이 안 와서 애먹다가 겨우 잠이 들었다는 표현입니다.

It took a long time to get to sleep last night.
어제 잠드는 데 한참 걸렸다.

stay in bed

(일어나지 않고) 계속 침대에 있다

I stayed in bed all day long because I had a cold.
감기에 걸려서 하루 종일 침대에 누워 있었다.

★ sleep in

(평소 일어나는 시간보다) 늦잠 자다

▶ 의도하지 않는 데 늦잠을 자 버린 상황을 나타냅니다.

I slept in this morning because of fatigue.
오늘 아침 피곤해서 늦잠을 잤다.

fall asleep 잠이 들다

▶ 의도하지 않은 상태에서 잠이 들 때 쓰는 표현입니다.

He falls asleep whenever he starts to read books.
그는 책만 펴면 잠들어 버린다.

회화에서는 이렇게

A What's wrong, dear? Are you alright?
B I can't get to sleep.
A I can make you some warm milk.
B No, you stay in bed. I'll make it.

무슨 일이니, 애야? 괜찮아?
잠이 안 와요.
따뜻한 우유를 만들어 줄게.
아니요, 그냥 주무세요. 제가 할게요.

CHAPTER 1 일상생활

UNIT 02

삶과 생활

01 살다 1
02 살다 2
03 이사하다
04 숨쉬다
05 외식하다
06 눕다
07 밤을 새다
08 졸다
09 꿈꾸다

살다 1

살다라는 의미의 **live**와 **in**을 함께 쓰면 사는 곳을, **away from**을 함께 쓰면 그 장소와 떨어진 곳에서 사는 의미를 표현합니다.

★ **live in**

~에 살다

I'm from Australia but I live in France.
나는 호주 출신이지만 프랑스에 산다.

live away from

~와 떨어져 살다

It's not easy to live away from family and friends.
가족과 친구들과 떨어져 사는 것은 쉽지 않다.

settle down

정착하다

▶ 바닥에(down) 내려놓다(settle)라는 의미로, 갖고 있는 모든 짐을 내려놓고 정착한다는 뜻을 나타냅니다.

I want to settle down in a friendly town.
나는 우호적인 도시에 정착하고 싶다.

회화 에서는 이렇게

A Are you from Germany?
B Yeah, but I've lived in Korea for 4 years.
A Do you think you'll settle down here?
B I'm not sure. All my family is back in Germany.

독일 출신이세요?
네, 하지만 한국에 산 지 4년 되었어요.
여기에 정착하실 건가요?
모르겠어요. 제 가족들은 모두 독일로 돌아가거든요.

살다 2 02

live 외에 다른 동사를 사용하여 **살다**라는 의미를 표현할 수 있습니다.

live on

~을 먹고 살다

▶ 의존과 계속의 의미를 가진 on과 함께 쓰여 **~에 의존해 살다**라는 의미가 됩니다.

How can you live on bread and water?
빵과 물만 먹고 어떻게 사니?

feed on

~을 먹고 살다

▶ feed는 **먹이다, 먹고 살다**라는 의미의 동사로, 주로 동물에 사용합니다.

The cat feeds on chicken and tuna.
고양이는 닭과 참치를 먹고 산다.

get by

~으로 그럭저럭 살아나가다

▶ get by는 **지나가다**라는 의미인데, **시간이 지나가는 대로 살아간다**는 뜻으로 확장되어 쓰입니다.

I can get by on my own.
내 힘으로 그럭저럭 살아갈 수 있어요.

회화에서는 이렇게

A How's your new job?
B Well, the people are great but the pay is quite low.
A Do you make enough money to live on?
B Yeah, I'll get by.

새 직장은 어때요?
음, 사람들은 아주 좋지만 급여는 상당히 낮아요.
살아가기에 충분한 돈을 버나요?
네, 그럭저럭 살 거예요.

이사하다 03

이동을 나타내는 동사 **move** 뒤에 방향을 나타내는 전치사를 붙여 이사한다는 표현이 됩니다.

move to

~로 거처를 옮기다

▶ to는 ~로라는 의미로, 방향을 나타냅니다.

I'm going to move to another city next year.
내년에 다른 도시로 이사할 거야.

move into

~로 이동하다

▶ to보다 (공간) 안으로라는 의미가 강조된 표현입니다.

Did you move into your new apartment yet?
아직 새 아파트로 이사 안 했니?

move out

이사를 나가다

When did you move out of your parents' house?
부모님 집에서 언제 나올 거야?

회화에서는 이렇게

A I can't wait to move out of this neighborhood.

이 동네에서 너무 이사 가고 싶어.

B It's noisy, isn't it?

시끄럽지?

A It's noisy and dirty and the cafés are terrible!

시끄럽고 더럽고 카페들도 끔찍해!

B You should move to my neighborhood.

우리 동네로 이사 와야겠구나.

숨쉬다 04

숨쉬다라는 동사 breathe에 전치사 in과 out을 붙여 숨쉬는 동작을 표현합니다.

breathe in

숨을 들이쉬다
▶ **숨쉬다+안으로**라는 의미로 숨을 들이쉬는 동작을 표현합니다.
Don't breathe in that dirty air.
저 더러운 공기를 들이마시지 마.

breathe out

숨을 내쉬다
▶ **숨쉬다+밖으로**라는 의미로 숨을 내쉬는 동작을 표현합니다.
He breathes in and out very slowly when he's jogging.
그는 조깅할 때 매우 천천히 숨을 들이쉬고 내쉰다.

회화에서는 이렇게

A I can't give this speech! I'm too nervous!
B Relax. Breathe in...breathe out.
A I'm trying but I can't. You give the speech!
B Me? Are you serious?

연설 못 하겠어! 너무 긴장돼!
진정해. 숨을 들이쉬고… 내쉬고.
하려고 해도 안 되는 걸. 네가 해!
내가? 진심이야?

외식하다 05

밖에서 먹는 외식이라는 표현은 **밖에서**라는 전치사 **out**을 사용하여 표현합니다.

★ eat out

외식하다

> Our family eats out once a week.
> 우리 가족은 일주일에 한 번 외식한다.

dine out

외식하다

▶ dine은 eat dinner라는 의미를 가진 동사로, 레스토랑이나 타인의 집에서 정식으로 먹는 식사를 표현할 때 씁니다.

> They only dine out on special days, like birthdays.
> 그들은 단지 생일 같은 특별한 날에만 외식한다.

+plus idioms

eat at ~에서 먹다

> How about we eat at Chicken Heaven tonight?
> 오늘 저녁에 〈치킨 헤븐〉에서 먹는 건 어때요?

회화에서는 이렇게

A I don't want to cook tonight. Let's eat out.
B Sounds great. Where?
A How about that new hamburger restaurant?
B I'd rather eat at that Chinese place.

오늘 저녁에는 요리하고 싶지 않은데, 외식하자.
좋아. 어디에서?
새로 연 햄버거 식당은 어때?
중국집에서 먹는 게 더 낫겠는걸.

눕다 06

눕다라는 동사 lie에 여러 가지 전치사를 붙여 눕는 동작을 구체적으로 표현합니다.

★ lie down

(자거나 쉬려고) 눕다
▶ 자려고 눕는 동작을 의미합니다.
Lie down and try to go to sleep.
누워서 자려고 해 보렴.

lie on

~에 눕다
▶ 침대나 평평한 곳 위에 눕는 동작을 의미합니다.
We lie on mats for our yoga lesson.
우리는 요가 수업 때문에 매트 위에 눕는다.

lie back

반듯이 누워 있다
▶ 등(back)을 바닥에 대고 반듯이 눕는 동작을 나타냅니다.
It feels good to lie back in the warm grass.
따뜻한 풀밭에 반듯이 누우면 기분이 좋다.

회화에서는 이렇게

A Are you okay, sir?
B I don't know. I just had a motorcycle accident.
A Lie back on the grass then. I called an ambulance.
B Thank you. You're very kind.

괜찮습니까, 선생님?
모르겠어요. 방금 오토바이에 치였어요.
그럼 풀 위에 반듯이 누우세요. 제가 구급차를 불렀어요.
감사합니다. 친절하시군요.

밤을 새다 07

몸을 세운다는 표현의 up을 사용하여 자지 않고 있는 모습을 표현합니다.

sit up

자지 않고 일어나 있다

▶ 앉아서(sit) 몸을 세운(up) 모습에서 자지 않고 밤을 샌다는 의미가 됩니다.

Let's sit up and watch the hockey game on TV.
자지 말고 TV에서 하는 하키 경기 보자.

★ stay up

깨어 있다

▶ 잠자리에 들지 않고 계속 머물러 있는 모습을 표현합니다.

It's almost New Years. Do you want to stay up until midnight?
새해가 다 되었네. 자정까지 깨어 있을 거야?

회화에서는 이렇게

A Do you always stay up late?

B Yeah, I like staying up. It's quiet because everyone is asleep.

A I would sit up with you but I'm too tired.

B Don't worry. You're an early bird and I'm a nighthawk.

넌 항상 늦게까지 안 자고 있니?

응, 난 깨어 있는 게 좋아. 모두 잠들어서 조용하잖아.

나랑 밤을 새고 싶지만 난 너무 피곤해.

걱정 마. 넌 일찍 일어나는 사람이고 난 올빼미형 인간이잖아.

졸다 08

여러 가지 동사에 전치사 **off**를 붙여 깜박 잠든다는 표현을 만들 수 있습니다.

doze off

깜빡 잠이 들다
▶ 졸다라는 뜻의 doze를 강조한 표현입니다.

When my math class is boring, I doze off.
수학 수업이 지루하면, 잠이 든다.

nod off

깜박 졸다
▶ 고개를 끄덕이다가(nod) 의식이 벗어나는(off) 상태로, 특히 자면 안 되는 상황에서 깜빡 졸았음을 나타냅니다.

I saw you nod off in the car.
네가 차에서 깜박 조는 거 봤어.

drop off

깜박 잠이 들다
▶ 고개를 떨어뜨리며(drop) 의식이 벗어나는(off) 상태입니다.

I could never drop off at a loud rock concert.
시끄러운 록 콘서트에서는 결코 잠이 들 수 없다.

회화에서는 이렇게

A Are you sure this is an action movie?
B I think so. It's a little boring, huh?
A Uhh, yeah. Wake me up if I nod off.
B What if I nod off first?

이게 액션 영화가 확실해?
그런 것 같은데. 좀 지루하지?
어, 그래. 내가 졸면 깨워 줘.
내가 먼저 졸면 어쩌지?

UNIT **02** 삶과 생활

꿈꾸다 09

꿈꾸다라는 뜻의 **dream**과 함께 **of**나 **about**을 함께 써서 꿈의 내용에 대해 표현합니다.

dream of

~을 꿈꾸다

What do you dream of at night?
밤에 무슨 꿈을 꾸니?

★ dream about

~을 꿈꾸다

Lately, she dreams about her boyfriend a lot.
최근에, 그는 남자 친구 꿈을 많이 꾼다.

> (tip) **dream on** 아무리 꿈꿔 봐 (그렇게 되나), 꿈꾸는 소리 하지 마
> You think you're going to be a millionaire someday? Dream on!
> 언젠가 백만장자가 될 거라고 생각해? 꿈꾸는 소리 마!

회화에서는 이렇게

A What do you think of my haircut?
B It's nice. You look really handsome.
A Yeah, I know. Maybe you'll dream about me tonight.
B Ha! Dream on!

나 머리 깎은 거 어때?

좋은데. 정말 멋있어.

응, 알아. 너 오늘 밤에 내 꿈꿀지도 몰라.

뭐라고! 말도 안 돼!

CHAPTER 1 일상생활

UNIT 03

집안일

01 요리하다
02 설거지하다
03 청소하다
04 닦다
05 정리하다
06 버리다
07 빨래하다
08 빨래를 널다
09 빨래를 걷다

요리하다 01

요리하다라는 의미의 동사 cook은 뭔가 나쁜 일을 꾸미거나 조작한다는 뜻도 있습니다.

cook up (즉흥적으로) 요리하다

▶ 계획 없이 갑자기 뭔가 만들어내다라는 의미로, 이야기나 핑계, 음모 같은 것을 갑자기 꾸며내거나 조작한다는 뜻으로도 사용합니다.

You're hungry? Let me cook up some pasta for you.
배고프니? 내가 파스타 좀 만들어 줄게.

+plus idioms

cook for oneself 자취하다, 혼자 요리하다

▶ for oneself는 남에게 의지하지 않고, 혼자 힘으로라는 의미가 있으므로, 혼자서 먹고 살아가는 자취의 모습을 나타냅니다.

I've been cooking for myself since I was 20.
나는 스무 살 이후로 자취생활을 하고 있어요.

cook-off 요리 콘테스트

She won a prize in the cook-off for her meatballs.
그녀는 미트볼로 요리 콘테스트에서 상을 탔다.

회화에서는 이렇게

A I'm going to cook up some hot-dogs. Do you want some?
핫도그 좀 만들려고 하는데. 좀 먹을래?

B No thanks. I have to start eating healthy.
괜찮아. 건강에 좋은 걸 먹어야 하거든.

A Put some onions on the hot-dog. They're healthy.
핫도그에 양파를 좀 넣어봐. 건강에 좋을 거야.

B No, I'll cook some fish for myself later.
아니, 나중에 혼자 생선 요리해 먹을게.

설거지하다 02

설거지도 물로 씻어내는 행위이므로, 동사 **wash**를 사용하여 표현합니다.

wash up

설거지를 하다
▶ up은 의미를 강조하는 역할입니다.

Wash up those plates and I'll cut the cake.
저 접시들 좀 설거지 해. 난 케이크를 자를게.

wash off / wash out

물로 씻어내다
▶ 제거의 의미를 가진 out이나 off와 함께 쓰여, 더러워진 것을 완전히 씻어내거나 얼룩을 지워내는 행동을 나타냅니다.

I can't **wash off** this spaghetti sauce. It's stuck!
스파게티 소스를 씻어낼 수 없잖아. 끔찍해!

+plus idioms   do the dishes 설거지를 하다

▶ 설거지에 가장 많이 쓰이는 표현입니다.

My brother **does the dishes** on Tuesdays and Fridays.
오빠가 화요일과 금요일마다 설거지를 한다.

회화에서는 이렇게

A Can you **wash out** the coffee pot?
B I'll do it later. I'm watching a movie.
A There are some dirty dishes in the kitchen too.
B No problem. I'll **wash** them all **up** together.

커피 주전자 좀 씻어 줄래?
있다가 할게. 지금 영화 보고 있어.
주방에 더러운 그릇들도 좀 있다고.

괜찮아. 내가 같이 설거지할 거야.

청소하다 03

청소는 보통 동사 **clean**으로 표현하는데, 이때 **clean** 대신 **clear**를 사용할 수 있습니다.

clean up

청소하다
▶ up은 clean의 의미를 강조합니다.

My sister never **cleans up** her toys.
여동생은 그녀의 장난감을 절대 청소하지 않는다.

clean out

깨끗이 치우다
▶ **완전히**를 의미하는 out을 덧붙여 깨끗이 청소한다는 뜻이 됩니다.

We **clean out** the garage when the weather is nice.
우리는 날씨가 좋을 때 창고를 깨끗이 치운다.

 청소 방법에 따라 동사도 각각 다르게 사용합니다.

일반적인 청소는 clean, 빗자루로 쓰는 동작은 sweep이나 wipe, 걸레로 닦는 것은 rub, 대걸레로 닦는 것은 mop, 먼지를 터는 것은 dust, 진공청소기를 사용하는 것은 vacuum으로 표현합니다.

회화에서는 이렇게

A Your grandparents are coming to visit.
할아버지 할머니가 오실 거야.

B Cool, Mom.
좋아요, 엄마.

A Can you **clean up** your room before they come?
오시기 전에 네 방 좀 청소할래?

B Why? They never come in here!
왜요? 절대 여기에 들어오시지 않잖아요!

닦다 04

wipe는 걸레로 닦는 것을, mop은 대걸레로 닦는 것을 말합니다.

wipe up

~을 닦다

Can you wipe up that milk? I'm busy.
우유 좀 닦아 줄래? 내가 바쁘거든.

mop up

(물기 등을) 훔치다

▶ mop은 **대걸레**라는 뜻으로, 바닥의 얼룩이나 물기 등을 닦아낸다는 표현입니다.

I wore my muddy boots in the house. Now, I have to mop it up.
내가 진흙투성이 부츠를 신고 집에 들어왔거든. 지금 닦아야겠어.

회화에서는 이렇게

A Who spilled this coffee on the floor?
B I think it was Jenny.
A I hope that she's going to mop it up.
B She is. She went to find a mop and bucket.

누가 바닥에 커피를 엎질렀니?

제니인 것 같은 데요.

걔가 이것을 닦았으면 좋겠구나.

그럴 거예요. 걸레와 양동이를 찾으러 갔거든요.

UNIT 03 집안일

정리하다 05

깔끔하게 정리정돈한다는 의미로 쓰는 표현입니다.

straighten up

깨끗이 정리하다

▶ straighten은 **똑바르게 하다**라는 의미로, 물건들을 제자리에 정돈해 두는 모습을 표현합니다.

It takes about half an hour to straighten up my room.
내 방을 깨끗이 정리하는 데 약 30분이 걸린다.

★ tidy up

~을 깔끔하게 정리하다

▶ tidy는 주로 **깔끔한, 정돈된**이라는 형용사로 쓰이는데, 동사로 쓰일 때는 up을 붙여 사용합니다.

You should tidy up the kitchen before your friends come.
네 친구들이 오기 전에 주방을 깔끔하게 정리해야 한다.

회화에서는 이렇게

A How was school today?
B Not bad. We didn't do much studying though.
A So what did you do?
B It's the first week of spring so we tidied up our classroom.

오늘 수업은 어땠니?

그럭저럭요. 그렇지만 수업을 많이 하진 않았어요.

그럼 뭘 했는데?

봄이 시작되는 첫 주라 교실을 정리했어요.

버리다 06

필요없는 것을 내다 버리거나 비워 버린다는 의미로 쓰는 표현입니다.

★ **throw away**

버리다
▶ 더 이상 필요없는 물건을 버린다는 의미로, 헛되이 써 버린 낭비나 허비의 뜻으로 쓰이기도 합니다.

Don't throw away those magazines. I want to read them.
저 잡지들 버리지 마. 내가 읽을 거니까.

empty out

몽땅 비워내다
▶ 공간을 완전히(out) 비워낸다는 의미로, 쓰레기통을 비울 때 많이 사용합니다.

Empty out those boxes. They're full of old papers and things.
저 박스들을 몽땅 비워. 낡은 종이들과 물건들로 가득하거든.

dispose of

~을 없애다
▶ 처리[처분]하다는 의미인데, 문제를 처리하거나 사람을 해치울 때도 쓰입니다.

Where can we dispose of old computer monitors?
낡은 컴퓨터 모니터를 어디에 치울까?

회화에서는 이렇게

A We have a customer. Can you help him?
B Mr. Hart told me to empty out the trash.
A You can do that later. And please throw away those old cups.
B Yeah, sure.

손님이 오셨어요. 저 분을 좀 도와줄래요?
하트 씨가 쓰레기통을 비우라고 하던데요.
그건 나중에 해도 되요. 그리고 저 낡은 컵들을 버려 주세요.
네, 그러겠습니다.

빨래하다 07

빨래 중에서 물로 세탁하는 것은 **wash**, 세탁소를 이용하거나 일반적으로 세탁하는 것은 **laundry**를 사용합니다.

wash out

(빨래를) 빨다

▶ 특히 얼룩을 빼는 빨래 동작을 표현합니다.

I'm not sure I can wash this ink out of your shirt.
네 셔츠의 잉크 자국을 빨 수 있을지 장담할 수 없겠는데.

+plus idioms

do the laundry 세탁하다, 세탁소에 맡기다

▶ laundry는 **세탁, 세탁물, 세탁소**를 뜻하는 명사로, do동사를 써서 **세탁을 하다**라는 의미로 사용합니다.

I can't do the laundry because there's no laundry soap.
세탁비누가 없어서 세탁할 수 없어.

회화 에서는 이렇게

A **What chore do you like the best?**
어떤 집안일이 제일 좋아?

B **I like to do the laundry. It's easy.**
세탁하는 것이 좋아. 쉽잖아.

A **Not me. I hate trying to wash out dirt and ink and blood.**
난 아닌데. 먼지나 잉크와 피 얼룩을 세탁하는 게 싫거든.

B **That's true. Some stains are really hard to wash out.**
그건 맞아. 어떤 얼룩은 정말 세탁하기 힘들지.

빨래를 널다 08

건조대나 빨랫줄에 너는 것은 **hang out**, 옷걸이에 걸어 너는 것은 **hang up**을 씁니다.

hang out
빨래를 (말리려고) 널다

Hang the wet clothes out on the clothesline.
젖은 옷은 빨랫줄에 널어.

spread out
(쫙) 펼치다

▶ 빨래를 말리기 위해 쫙 펼쳐서 너는 것을 가리키는 표현입니다.

If you spread out the towels, they'll dry faster.
수건을 쫙 펼쳐서 널면 더 빨리 마를 거야.

hang up
(옷을) 걸다

Jackets should be hung up to dry.
재킷은 옷걸이에 걸어서 말려야 한다.

회화에서는 이렇게

A Beautiful weather today. Let's go for a walk!
B Let me hang out the laundry first.
A Do you need any help?
B No. It'll only take a few minutes to hang up.

오늘은 날씨가 좋구나. 산책 가자!

먼저 빨래 좀 널고.

좀 도와줄까?

괜찮아. 빨래 너는 데 몇 분밖에 안 걸리거든.

빨래를 걷다 09

가지고 들어오다라는 의미의 **bring in**과 **take in**을 빨래와 관련하여 쓰면 **빨래를 걷다**라는 뜻이 됩니다.

★ **bring in**

들여오다

It looks like it's going to rain. Can you bring in the laundry?
비가 올 것 같은데, 빨래 좀 걷어 줄래?

take in

빨래를 걷다

I told you to take in the laundry before dark.
어두워지기 전에 빨래 걷으라고 했잖아.

회화에서는 이렇게

A Mom, it's starting to rain!
B Bring in the laundry, please! I'm on the telephone!
A But I'm on the computer!
B You can use the computer after you take in the laundry!

엄마, 비가 오기 시작해요!

빨래 좀 걷어 주렴! 엄마는 통화 중이야!

그렇지만 전 컴퓨터 하는 중인데요!
빨래를 걷은 다음에 컴퓨터 할 수 있잖아!

CHAPTER 1 일상생활

UNIT 04

교통

01 타다
02 타고 가다
03 내리다
04 운전하다
05 태우다
06 내려 주다
07 정비하다
08 주차하다
09 충돌하다
10 속도를 내다/속도를 줄이다
11 기름을 채우다
12 조심하다

타다 01

get on은 버스나 기차 등 큰 교통수단을, **get in**은 승용차나 택시 등 작은 교통수단을 타는 것을 의미합니다.

★ **get on**

~에 타다

Get on the train now. It's about to leave.
지금 기차에 올라타렴. 곧 떠날 거야.

get in

~에 타다

▶ get into와 같은 표현입니다.

I will never get in a car with him. He drives too fast.
난 절대 그와 차에 타지 않을 거야. 운전을 너무 빨리 해.

hop in

뛰어 올라타다

▶ 뛰어서(hop) 안으로(in) 들어오는 것을 의미합니다.

Why are you walking in the rain? Come on! Hop in the car!
비 오는 데 걸어갈 거야? 자! 차에 타라고!

> (tip) **get on / be on / take** ~을 타다
> → get on은 타는 동작에, be on은 타고 있는 상태에 초점을 맞춘 표현이며, take는 이동을 위한 수단을 의미합니다.

회화에서는 이렇게

A Hey Ella! Where are you going?
B Hi Mr. Morrison. I'm going to the library.
A Well, hop in! I'll give you a drive.
B Thanks a lot. The bus takes forever to get here.

어이 엘라! 어디 가니?
안녕하세요 모리슨 씨. 도서관에 가고 있어요.
음, 타렴! 태워 줄게.
정말 고맙습니다. 여기까지 오는 데 버스는 진짜 오래 걸려요.

타고 가다 02

go 뒤에 by를 써서 타고 가는 교통수단을 표현합니다. 말이나 큰 배처럼 위에 올라타는 것은 go on, 안에 들어가 타는 작은 교통수단은 go in을 씁니다.

go by

~을 타고 가다

How do you go to work every day? Do you go by car?
매일 어떻게 출근해요? 차를 타고 가나요?

go on

(~위에) 타고 가다

Go on the ferry and across the river and I'll meet you on the other side.
배를 타고 강을 건너 와서 맞은편에서 만나자.

go in

(~안에) 타고 가다

We can't go in this car together. It's too small.
다 같이 이 차를 타고 갈 수 없어. 차가 너무 작잖아.

회화에서는 이렇게

A Can I walk to Woodbine Field from here?
B I wouldn't. It takes about 45 minutes by foot.
A That's too long. Maybe I'll go by bus.
B Yeah, it's only 10 minutes by bus.

여기에서 우드바인 필드까지 걸어서 갈 수 있을까?
나라면 안 할 거야. 걸어서 45분쯤 걸리거든.
너무 오래 걸리는데. 버스를 타야겠군.
그래, 버스로는 10분이면 되니까.

내리다 03

get off는 get on의 반대말로, get out of는 get in의 반대말로 쓰입니다.

get off

(차에서) 내리다
▶ 버스, 기차 등 큰 교통수단에 사용합니다.

I can't wait to get off this subway. I don't like being underground.
이 지하철에서 내리고 싶어 죽겠어. 난 지하에 있는 게 싫거든.

get out of

(차에서) 내리다
▶ 승용차, 택시 등 작은 교통수단에 사용합니다.

Please help that lady get out of the car.
저 부인이 차에서 내리는 걸 도와주세요.

회화에서는 이렇게

A Press the stop button. I want to get off (the bus) here.

내림벨을 눌러. 여기에서 내릴래.

B Aren't we going to the park?

공원에 가는 거 아니야?

A Later. First, I want to see this new shoe store.

나중에. 우선, 이 새로 생긴 신발 가게를 보고 싶어.

B Shoes! Why didn't you say so? Let's get out of here!

신발이라고! 진작 말하지 그랬어? 여기에서 내리자!

58 CHAPTER 1

운전하다 04

운전하다라는 **drive** 뒤에 어떤 전치사가 오느냐에 따라 의미의 차이가 있습니다.

drive up

자동차로 오다

▶ 어떤 목적지까지 차를 몰고 다가가는(up) 행동을 의미합니다.

Drive up to her house and beep the horn. She'll come out.
차를 몰고 그녀의 집에 가서 경적을 울리자. 그녀가 나올 거야.

drive on

(차를 몰고) 계속 가다

▶ 계속(on) 운전하는 것을 나타냅니다.

We had to drive on and find another service station.
우리는 계속 운전하며 다음 휴게소를 찾아야 했다.

drive away

(차를 몰고) 떠나다

▶ 차를 몰고 멀리(away) 사라지는 것을 가리킵니다.

Don't drive away. I have to pick up some dessert at the bakery.
가 버리면 안 돼. 빵집에서 후식을 좀 사야 하거든.

회화에서는 이렇게

A Alice! Do you want to see the Coldplay concert tonight?

B Of course! Do you have an extra ticket?

A Yes! Where are you now? At work?

B Yeah. Just drive up to the front doors at 5 o'clock. I'll be ready.

앨리스! 오늘 밤에 콜드플레이 콘서트 보러 갈래?

물론! 남은 티켓 있어?

응! 지금 어디야? 회사야?

응. 차를 몰고 5시까지 정문 앞으로 와. 준비할게.

태우다 05

차에 사람을 태운다는 표현입니다.

★ **pick up**

~를 (차에) 태우러 가다
▶ 차를 몰고 사람을 마중 나갈 때 쓰는 표현입니다.

I'll **pick** you **up** in front of your office.
네 사무실 앞으로 마중 나갈게.

take on

태우다
▶ 버스, 비행기, 배 등에 사람이나 화물이 들어갈 수 있는 정원이나 용적을 표현할 때도 쓰입니다.

Let me **take** you **on** a tour of my city.
내가 널 태우고 우리 도시 구경시켜 줄게.

> **+plus idioms**
>
> **give (someone) a ride** ~를 태워 주다
>
> Can you **give** Sheldon **a ride** home? He missed the bus.
> 셸든 좀 집까지 태워 줄래? 버스를 놓쳤대.

회화에서는 이렇게

A Dad, I'm nervous about my date.
B Oh, don't be nervous. What time is your date?
A I have to **pick** her **up** at 7:30.
B I'm sure you'll have fun. Just don't crash the car.

아빠, 데이트 때문에 긴장돼요.
오, 긴장하지 마라. 데이트는 몇 시니?
7시 반에 그녀를 데리러 가야 해요.
재미있겠구나. 차사고만 내지 말아라.

내려 주다 06

차에서 사람을 내리게 하는 것이므로, 분리의 의미인 **off**를 써서 표현합니다.

let off

내려 주다
▶ 차 안의 승객을 내리게 한다는 의미입니다.

Where do you want me to let you off?
어디에서 내려 드릴까요?

drop off

내려 주다
▶ drop은 **떨어지다**라는 뜻인데, 목적어로 사람이 오면 **떨구어 주다**라는 의미로 사용할 수 있습니다.

Drop me off here. It's a bit more convenient.
여기에서 내려 줘. 그게 더 편해.

회화에서는 이렇게

A Where do you live Tom?
B Right across from the golf course.
A Can I let you off here, at the gas station?
B Sure, that's great. I can walk the rest of the way.

어디에 사니 톰?
골프장 바로 건너편이요.
여기에서 내려 줄까, 주유소에서?
네, 좋아요. 나머지는 걸어가면 되거든요.

UNIT **04** 교통

정비하다 07

tune up은 원래 악기의 음을 맞추는 조율하다라는 뜻인데, 자동차나 기계와 함께 쓰면 조정·정비하다하는 의미가 됩니다.

★ tune up

조정·정비하다

Grandpa gets his car tuned up every year.
할아버지는 그의 차를 매년 정비하신다.

> **+plus idioms**
>
> ### service ~을 수리하다
>
> ▶ 우리가 보통 의미하는 차 수리에는 service라는 표현을 쓰며, 정비소는 service center라고 합니다.
>
> You should service your car every 5,000 kilometers.
> 주행 거리가 5,000km가 될 때마다 차를 정비해야 한다.

회화에서는 이렇게

A Your car sounds terrible!
B I know. It's an old car and the engine has a few problems.
A You should get it tuned up.
B It's too expensive to service that car.

네 차 소리 끔찍한데!
알아. 낡은 차라서 엔진에 문제가 좀 있거든.
정비를 해야겠네.
수리하는 데 돈이 너무 많이 들어서.

주차하다 08

동사 **pull** 뒤에 여러 가지 전치사가 쓰여 **차를 멈추거나 세운다**는 의미가 됩니다.

pull up

세우다
▶ 차를 멈춰 세워 주차한다는 표현입니다.

Pull up to this big brick house. Shelly lives here.
이 큰 벽돌집에 세워. 셸리가 여기에 살거든.

pull in

~에 세우다

I need to use the washroom. Can you pull in here?
화장실 좀 가야겠어. 여기에 세워 줄래?

pull over

차를 대다
▶ 길 옆이나 모퉁이에 차를 멈추는 행위를 가리킵니다.

I think you should pull over. The police are right behind you.
차를 대야 할 거 같은데. 경찰이 바로 뒤에 있어.

★ pull into

도착하다
▶ 특히 길로 들어서서 세우거나 열차가 역에 들어올 때 쓰입니다.

The train will pull into Union Station in exactly 12 minutes.
기차가 유니온 역에 정확하게 12분 후에 들어옵니다.

회화에서는 이렇게

A What's that sound?
B It sounds like a fire engine. Pull the car over.
A This road is too narrow. I'll pull into this driveway instead.
B I hope no one is hurt.

무슨 소리지?
소방차 소리 같은데. 차 세워.
길이 너무 좁아. 대신 이쪽 길에 대야겠어.
아무도 안 다쳤으면 좋겠구나.

충돌하다 09

충돌하다라는 의미의 bump into와 run into는 우연히 사람과 만나다라는 뜻으로도 쓰입니다.

bump into

부딪치다
▶ 부딪칠 때 나는 **쿵, 탁** 소리를 표현하기도 합니다.

I'm terrible at parking. I always bump into other cars.
난 주차하는 게 형편없어. 항상 다른 차에 쿵 하고 부딪치지.

★ run into

충돌하다
▶ 달려가다가(run) 충돌하는 모습을 의미합니다.

Stop, stop! You're going to run into that shopping cart.
멈춰, 멈춰! 저 쇼핑 카트에 충돌하겠어.

run over

차로 치다
▶ 사람이나 동물을 차로 치게 되면 그 위로(over) 타고 넘어가게 됩니다. 차에 치일 때는 수동태로 표현합니다.

Excuse me? You just ran over my son's bicycle.
잠시만요? 당신이 막 제 아들의 자전거를 쳤어요.

회화에서는 이렇게

A The front of the car is smashed! What happened?
B Sorry Dad. I ran into another car.
A And the back is damaged too!
B Yeah, another car bumped into me.

차 앞면이 부서졌구나! 무슨 일이니?

죄송해요 아빠. 다른 차를 받았어요.

그런데 뒤쪽도 망가졌잖아!

네, 다른 차가 달려와서 받았거든요.

속도를 내다 / 속도를 줄이다

speed와 slow에 각각 up과 down을 이용하여 속도를 올리고 내림을 표현합니다.

speed up

속도를 내다

You can speed up on the highway.
고속도로에서는 속도를 낼 수 있다.

★ slow down

속도를 줄이다

You should slow down. A lot of children play in this neighborhood.
속도를 늦춰야 해. 이 동네에는 아이들이 많이 놀거든.

회화에서는 이렇게

A (whispering) Katie, your mother drives really fast!

B I know. She always speeds up on the highway.

A Aren't you scared?

B No, not really. Do you want me to ask her to slow down?

(속삭이며) 케이티, 너희 어머니 정말 빨리 운전하신다!

그래. 고속도로에선 항상 속도를 내시지.

무섭지 않니?

아니, 별로. 엄마한테 속도 좀 줄이라고 할까?

UNIT 04 교통

기름을 채우다 11

채우다라는 fill과 꼭대기라는 top을 이용하여 기름을 가득 채운다는 표현을 만들 수 있습니다.

★ fill up

가득 채우다

▶ 가득(up) 채우다(fill)라는 의미의 표현입니다.

I have to stop at the next gas station and fill up.
다음 주유소에 차를 세우고 기름을 가득 넣어야겠어.

top off

가득 채우다, 꽉 채우다

▶ 액체를 용기에 가득 채운다는 뜻으로, 일을 마무리 짓는다는 표현도 됩니다.

It's important to top off the car's fluids regularly.
자동차 유동액을 정기적으로 가득 채우는 것은 중요하다.

회화에서는 이렇게

A How was your date last night, son?
B Awesome Dad. Thanks for letting me borrow the car.
A Sure, but now there's no gas. And the oil is low.
B Sorry Dad. I'll fill up the tank now. And I'll top off the oil.

지난 밤에 데이트는 어땠니, 아들?
멋졌어요 아빠. 차를 빌려 주셔서 감사해요.

그래. 하지만 지금 기름이 없더구나. 그리고 오일도 부족하고.

죄송해요 아빠. 바로 가득 채울게요. 오일도 넣고요.

조심하다 12

보다라는 뜻의 동사 watch와 look이 out과 결합하여 잘 살펴보다, 조심하다라는 의미로 사용합니다. ~을 조심하다라고 표현할 때는 뒤에 for가 동반됩니다.

watch out

조심하다

The sign says, "Watch out for falling rocks."
표지판에 "낙석 주의"라고 쓰여 있다.

★ look out

조심하다

Look out for a gas station. The gas tank is nearly empty.
주유소를 잘 찾아봐. 기름이 거의 다 떨어졌어.

회화에서는 이렇게

A Look out!
B What? The ducks? I know, I see them.
A You should drive more carefully on this street.
B I think those ducks should be careful too.

조심해!
뭘? 오리 말이야? 알아, 나도 봤어.
이 길에선 더 조심스럽게 운전해야 해.

저 오리들도 조심해야 할 것 같은데.

UNIT 04 교통

PHRASE VERBS

CHAPTER

2

구체적 동작과 추상적 동작

UNIT 01 동작
UNIT 02 생각
UNIT 03 감각
UNIT 04 감정
UNIT 05 기타

CHAPTER 2
구체적 동작과 추상적 동작

UNIT 01

동작

01 ~까지 가다
02 ~하러 가다 / ~하러 오다
03 서성거리다
04 돌아가다
05 잡아당기다 / 밀어붙이다
06 운동하다
07 앉다
08 서다
09 달리다

~까지 가다

up to는 상승의 의미와 목적지가 함께 포함된 전치사라서, 이동을 의미하는 동사와 쓰이면 ~까지 (가까이) 가다/오다라는 표현이 됩니다.

go up to
~로 다가가다
▶ 한 장소에서 다른 장소로 이동할 때, 특히 북쪽이나 위쪽으로 올라가거나 작은 장소에서 큰 장소로 옮겨 가는 것을 의미합니다.

Go up to her and ask for her phone number.
그녀에게 가서 전화번호를 물어봐.

come up to
~로 다가오다

Come up to my apartment around 4 o'clock.
4시 경에 내 아파트로 와.

+plus idioms

walk up to ~에 걸어서 다가가다

I walked up to the policeman to ask for directions.
길을 물어보려고 경찰에게 다가갔다.

drive up to ~에 운전해서 다가가다

I'll drive up to Seoul tomorrow.
내일 차로 서울에 갈 거야.

회화에서는 이렇게

A I want to talk to James but I don't know how.
제임스와 얘기하고 싶은데 어떻게 해야 할지 모르겠어.

B It's easy. Just walk up to him and say hello.
쉬워. 그냥 다가가서 인사해.

A I'm too shy. I'll just wait. Maybe he'll come up to me.
너무 수줍어서. 그냥 기다릴래. 아마 그가 다가오겠지.

B Come on Sally, take a chance!
자 샐리, 한 번 해 봐!

~하러 가다/~하러 오다 02

이동의 목적을 표현할 때는 **for**를 사용합니다.

go for

~하러 가다

> We worked hard today. Let's go out for a beer.
> 오늘 열심히 일했네. 맥주 마시러 가자.

come for

~하러 오다

> I came for my sister. I'm driving her home.
> 여동생을 데리러 왔어요. 집에 데려다 주려고요.

회화 에서는 이렇게

A Hey! What's up?

B I came for you. We haven't met for a while.

A Good to see you. Shall we go for a walk?

B No, let's go for a hamburger. I'm hungry.

안녕! 무슨 일이야?

널 만나러 왔지. 우리 한동안 못 만났잖아.

반가워. 산책이나 갈까?

아니, 햄버거라도 먹으러 가자. 난 배고프거든.

서성거리다 03

주변에, 주위에라는 의미의 **around**는 움직임을 나타내는 동사와 결합하면 주변을 돌아다닌다는 표현이 됩니다.

walk around

주변을 걸어 다니다

I've just moved here, so I'm going to walk around the neighborhood.
막 이사 왔으니, 동네를 좀 돌아다녀야겠어.

pace around

서성거리다

▶ 특히 초조하거나 화가 났을 때 가만히 있지 못하고 이리저리 왔다 갔다 하는 모습을 나타냅니다.

What's wrong with your dog? He's pacing around the room like he's scared.
너희 개한테 무슨 일 있어? 겁먹은 것처럼 방 주변을 서성거리는데.

hang around

서성거리다

▶ 하는 일 없이 주변을 돌아다닌다는 의미입니다.

Don't hang around here anymore! Go home now!
더 이상 여기에서 서성거리지 마! 집에 가라고!

회화에서는 이렇게

A The principal looks angry. What did he say?

B He doesn't want the students to hang around the gym at lunchtime.

A Why not?

B Someone stole some basketballs yesterday.

교장 선생님이 화나신 것 같은데. 뭐라고 하셨니?

학생들한테 점심 시간에 체육관 주변에서 서성거리지 말라고 하시네.

어째서?

어제 농구공을 도둑맞았대.

돌아가다 04

뒤로(back) 가다(go)라는 뜻으로, 원래 있던 장소로 돌아감을 표현합니다. 이때 go 대신 get을 쓰거나, go back의 의미인 return으로 바꿔도 됩니다.

go back to

~로 돌아가다

If you're tired then go back to bed.
피곤하면 침대로 돌아가렴.

★ **get back to**

~로 돌아가다

I have to get back to my kids now. I'll call you later.
지금 아이들에게 돌아가야겠어. 나중에 전화할게.

return to

~로 돌아가다

What time do you have to return to work?
언제 일하러 돌아가야 하니?

회화 에서는 이렇게

A I have to go back to the supermarket. Will you come with me?
슈퍼마켓에 다시 가야겠어. 나랑 같이 갈래?

B Did you forget something?
뭔가 잊어버린 거야?

A Yes, I forgot to buy some shampoo.
응, 샴푸 사는 걸 깜박했네.

B Sorry, I can't. I have to get back to work.
미안하지만, 못 가겠어. 회사로 돌아가봐야 하거든.

잡아당기다 / 밀어붙이다 05

당기다의 **pull**은 접촉을 나타내는 **on**과 쓰여 의미가 강조되며, 밀다의 **push**는 대항을 나타내는 **against**와 쓰여 의미가 강조됩니다.

pull on

잡아당기다

> Stop pulling on my hair! I'm not a toy!
> 머리 좀 잡아당기지 마! 난 장난감이 아니라고!

push against

밀어붙이다

> I hate crowded subways. Everyone's always pushing against each other.
> 지하철이 붐비는 것이 싫어. 모두들 항상 서로 밀어붙이거든.

회화에서는 이렇게

A What's the problem?

B I can't get into the church. I pushed against the door but nothing happened.

A Pull on the handle.

B Oh okay. Now I feel stupid.

무슨 일이니?

교회에 들어갈 수 없어요. 문을 밀었는데 꼼짝도 안 해요.

손잡이를 당기렴.

오 그렇군요. 제가 바보같군요.

운동하다 06

일하다라는 뜻의 **work**에는 어떤 목적을 위한 모든 일이 포함되므로 건강을 위해 밖에서(out) 하는 일, 즉 **운동하다**라는 표현이 됩니다.

★ **work out** 운동하다

How often do you work out? Twice a week?
얼마나 자주 운동하니? 일주일에 두 번?

warm up (활동 전에) 몸을 천천히 풀다

▶ 운동하기 전에 몸을 풀어서 덥히는(warm) 준비 운동을 의미합니다.

Warm up before you exercise. Cool down after.
운동하기 전에 준비 운동을 해. 운동 후에는 정리 운동을 하도록.

> **warm up** 준비 운동 / **cool down** 정리 운동
> → 준비 운동을 가리키는 warm up의 반대 의미로, 운동 후 몸을 식히고 맥박이나 호흡을 정상으로 되돌리는 동작을 cool down이라고 합니다..

회화에서는 이렇게

A Okay, I want everybody to warm up for 15 minutes!
좋아, 모두들 15분 동안 준비 운동을 하도록!

B Can I skip the stretching today? I don't have time.
오늘 스트레칭은 빼도 될까요? 시간이 없어서요.

A No, you can't. Stretching is very important.
안돼. 스트레칭은 매우 중요한 거야.

B Hmm...maybe I'll work out tomorrow instead.
흠… 차라리 내일 운동할래요.

앉다 07

동사 sit이 ~위에의 on과 쓰여 ~위에 앉다, ~옆에의 by와 쓰이면 ~곁에 앉다라는 의미가 됩니다. 또, 앉을 때는 몸을 아래로 낮추기 때문에 down과 함께 쓰이기도 합니다.

sit on
~ 위에 앉다

There is no chair to sit on.
앉을 의자가 없어.

sit by
~ 곁에 앉다

▶ 가만히 앉아서 구경만 하다, 방관하다라는 의미로도 쓰입니다.

I don't want to sit by him. He smells like cigarette smoke.
그의 곁에 앉고 싶지 않아. 담배 냄새 같은 게 나거든.

sit down
(서 있던 사람이) 앉다

Please sit down. I want to tell you something.
앉아 주세요. 당신에게 할 말이 있어요.

+plus idioms

take[have] a seat 착석하다

be seated 앉다, 앉아 있다

▶ sit이 앉다라는 자동사라면, seat은 앉히다라는 타동사와 좌석이라는 명사입니다. seat이 앉다라는 의미가 되려면 수동태로 사용하거나 take나 have 동사를 사용하여 표현합니다.

회화에서는 이렇게

A Thank you for seeing me, Dr. Hoffman.
보러 와 주셔서 감사합니다. 호프만 선생님.

B No trouble at all, Beth. Please sit down.
괜찮아요, 베스. 앉으세요.

A I feel a bit sick. Can I sit by the window?
속이 울렁거려요. 창가에 앉아도 될까요?

B Sure, take a seat anywhere.
물론요, 아무데나 앉으세요.

서다 08

일어서는 것은 앉는 것과 반대로 몸을 위로 올리기 때문에 **down**의 반대인 **up**과 함께 쓰입니다.

stand up

일어서다

When I say your name, please stand up.
이름을 부르면, 일어나 주세요.

+plus idioms

rise to one's feet 일어서다

▶ 일어나다라는 동사 rise에 to one's feet를 붙여 **발을 땅에 딛고 일어서다**라는 의미를 강조합니다. **뛰다**라는 의미의 rise 대신 spring, jump 등도 사용할 수 있습니다.

Her speech was so inspiring. The crowd rose to its feet.
그녀의 연설은 매우 감동적이야. 청중들이 일어섰어.

회화에서는 이렇게

A I love this musical!
B Me too. The songs make me want to rise to my feet!
A Excellent. Are we allowed to stand up and cheer?
B You can stand up at the end.

이 뮤지컬 너무 좋아!
나도. 노래를 들으면 벌떡 일어나고 싶어진다니까!
멋져. 우리 일어나서 환호할까?
마지막에 일어나자고.

달리다 09

run이 up과 쓰이면 재빨리 달려가다, down과 쓰이면 달려 내려가다라는 의미가 됩니다.

run up

달려가다

▶ **달려 올라가다**라는 의미도 됩니다.

Run up to your grandfather and give him a hug.
할아버지에게 달려가서 안아 드리렴.

run down

달려 내려가다

▶ 달리다가 지쳐서 멈추는 것을 의미하기도 합니다.

They love to run down this grassy hill.
그들은 이 풀이 무성한 언덕을 달려 내려가는 것을 좋아한다.

be in the lead 선두를 달리다

What a race! He was in the lead until the last minute.
멋진 경기야! 그가 마지막까지 선두를 달렸어.

회화에서는 이렇게

A So, where's your apartment?
B It's on the 14th floor.
A Let's run up the stairs. I need the exercise.
B No, let's take the elevator up. We can run down later.

그래서, 네 아파트는 어디니?
14층이야.
계단으로 뛰어가자. 난 운동해야 하거든.
아니, 엘리베이터로 올라가자. 나중에 지치고 말 걸.

CHAPTER 2
구체적 동작과 추상적 동작

UNIT 02

생각

01 ~을 생각하다
02 곰곰이 생각하다
03 간주하다
04 생각해 내다
05 상의하다
06 믿다
07 구분하다 / 구별하다
08 분리하다 / 분류하다
09 오해하다

~을 생각하다 01

어떤 사람이나 아이디어, 계획을 떠올리거나 고려할 때 think about과 think of가 있습니다. 거의 비슷한 의미로 혼용되지만 의미의 미묘한 차이가 있습니다.

★ think about

~에 대해 생각하다

▶ 대상에 관련된 사항에 대해 고민하고 고려한다는 의미가 좀 더 포함되어 있습니다.

I try not to think about work on the weekend.
주말에 일하는 건 생각하려고도 안 해.

think of

~을 생각하다

▶ 단순하게 이미지를 떠올려 생각하거나 상상한다는 의미입니다.

Think of me when you're feeling lonely.
외롭다고 느낄 땐 날 떠올려 봐.

회화에서는 이렇게

A You're very quiet. What are you thinking about?
엄청 조용하네. 뭘 생각하고 있어?

B I'm thinking about you.
너에 대해 생각하고 있지.

A Really? You're so sweet!
정말? 참 다정하구나!

B Actually, no. I'm thinking of a way to make more money.
사실은, 아니야. 돈을 좀 더 벌 수 있는 방법을 생각 중이야.

곰곰이 생각하다 02

생각하다라는 동사에 여러 번, 계속의 뜻인 **over**를 붙여 **곰곰이 생각하다**라는 의미가 됩니다.

think over

곰곰이 생각하다

▶ 여러 번 깊게 생각한다는 뜻으로 **심사숙고**에 어울리는 표현입니다.

It's a hard decision. Think it over and tell me tomorrow.
어려운 결정이야. 심사숙고 해서 내일 내게 말해 줘.

dwell on

깊이 생각하다

▶ dwell은 원래 **거주하다, 살다**라는 동사로, ~ **상황이나 아이디어에 계속 머물러 있다**라는 의미에서 **깊이 생각하다**라는 뜻으로 확장됩니다.

You made a mistake. So what? Try not to dwell on it.
네가 실수 했잖아. 그게 뭘? 깊이 생각하려 하지 마.

mull over

곰곰이 생각하다

She's been mulling over her father's death for years.
그녀는 수년 동안 아버지의 죽음에 대해 곰곰이 생각해왔다.

회화에서는 이렇게

A It's Saturday night. Aren't you meeting your friends?
토요일 저녁인데. 친구들 안 만나니?

B No. I'm still depressed about breaking up with Heather.
네, 헤더와 헤어진 것 때문에 아직도 우울해요.

A You can't dwell on the past. Life is too short. Call your friends!
지난 일을 깊이 생각하지 마. 인생은 너무 짧으니, 친구들에게 전화하렴!

B I guess you're right.
엄마 말씀이 맞는 것 같네요.

간주하다 03

~로라는 의미의 전치사 as를 사용하여 A를 B라고 생각하다(간주하다)라는 표현이 됩니다.

think of A as B

A를 B로 간주하다

Think of this trip as an adventure!
이 여행을 모험이라고 여기도록 해!

look upon A as B

A를 B로 간주하다

Do you look upon your marriage as an inconvenience?
네 결혼을 불편한 일이라고 생각하니?

+plus idioms

regard[consider/ count] A as B

A를 B로 간주하다

▶ consider와 count의 경우에는 종종 as가 생략되기도 합니다.

I like my boss but I don't regard him as a friend.
상사를 좋아하지만 그를 친구로 생각하지는 않는다.

회화 에서는 이렇게

A I hate math. It's the most boring subject.
B I love it. I think it's really interesting.
A Help me then. How can I be more interested in math?
B Think of each question as a mystery. You're the detective looking for the answer.

수학이 싫어. 가장 재미없는 과목이야.
난 좋은데. 정말 재미있는 것 같아.

그럼 좀 도와줘. 어떻게 해야 수학에 더 흥미를 가질 수 있을까?

수학 문제를 미스터리라고 여겨 봐. 넌 그 답을 찾는 탐정이 되는 거야.

생각해 내다 04

문제에 대한 해답이나 방법, 아이디어를 **생각해 내다**라는 의미의 표현들입니다. 아래의 표현들은 수동태로 쓰이지 않는다는 것에 주의합니다.

★ come up with

(생각이나 아이디어를) 창안하다

Give me a couple days to think about it. I'll come up with an answer.
그것에 대해 생각할 시간을 며칠 줘. 대답을 생각할게.

think up

생각해 내다

Did you think up an original idea for a story?
이야기를 만들기 위한 독창적인 아이디어를 생각해 냈니?

★ hit on

(우연히) 생각해 내다

▶ 뜻하지 않게 우연히라는 의미가 강조된 표현입니다.

I think you've hit on the answer.
네가 대답을 생각해 낸 것 같은데.

회화에서는 이렇게

A We have to come up with a theme for the Spring Festival.
B Trees and flowers grow again in spring. How about "New Life"?
A I think you've hit on something.
B I have a lot of great ideas.

봄 축제에 대한 테마를 생각해 봅시다.

봄에는 나무와 꽃들이 다시 자라잖아요. "새 생명"은 어떻습니까?

자네가 뭔가 생각해 낼 거 같군.

제게 굉장한 아이디어들이 많이 있습니다.

상의하다 05

~에 관하여라는 의미의 전치사는 보통 **about**을 떠올리지만, **over**를 사용하기도 합니다.

talk over

의논하다
▶ over에는 ~**에 관하여**라는 의미가 있는데, about보다 긴 시간 동안 깊게 이야기하는 경우에 쓰입니다.

It feels good to talk over your problems.
네 문제를 의논하기 좋구나.

consult about

~에 대해 상담하다
▶ about 뒤에 상담(consult)의 주제가 나옵니다. about 대신 on을 쓰기도 합니다.

Maybe you should consult with a lawyer about that.
아마 넌 그것에 대해 변호사와 상담해야 할 거야.

---

 talk over coffee 커피를 마시며 이야기하다
→ talk over에는 ~하면서 이야기하다라는 의미도 있습니다. 커피, 술, 담배 등 이야기와 함께 쓸 수 있는 다양한 사물이 올 수 있습니다.
They're old friends. They talk over coffee 2 or 3 times a week.
그들은 오랜 친구야. 일주일에 두세 번 커피를 마시며 이야기하지.

회화에서는 이렇게

A Hi Annie, are you busy?
B A little bit. What's going on?
A I have a new business idea that I want to talk over.
B Can we talk over coffee? I'll be finished in an hour.

안녕 애니, 바쁘니?
조금. 무슨 일이야?
새로운 사업 아이디어가 있는데 의논하고 싶어서.
커피를 마시면서 이야기할까? 한 시간 내로 끝날 거든.

믿다 06

믿다라는 believe와 신뢰하다의 trust 뒤에 전치사 in을 붙여서 표현합니다.

believe in

믿다

▶ ~의 존재나 인격을 믿는다는 의미가 강조됩니다.

I **believe in** people who are kind and generous.
나는 친절하고 너그러운 사람들을 믿는다.

trust in

믿다

▶ 존재보다 능력이나 의지에 대한 신뢰를 강조합니다.

How can you **trust in** politicians who make false promises?
공약을 어기는 정치가들을 어떻게 믿을 수 있니?

★ count on

믿다, 확신하다

▶ **믿다**라는 의미에 확신이 강조된 표현입니다.

You can **count on** Arnold. He used to be a police officer.
아놀드를 믿어. 그는 경찰관이었어.

회화에서는 이렇게

A Why do you think we lost the game?
B A lot of the players are not confident. They don't **believe in** themselves.
A I agree. They need a strong leader to help them. Can you do it?
B You can **count on** me.

우리가 경기에서 왜 졌다고 생각하니?
많은 선수들이 자신감이 없어서요. 그들은 자신을 믿지 않거든요.
나도 그렇게 생각해. 그들은 자신들을 도와줄 강력한 리더가 필요해. 네가 할래?
저를 믿으셔도 되요.

구분하다 / 구별하다 07

구분이나 구별의 의미를 나타낼 때는 전치사 from을 사용합니다.

tell A from B

A와 B를 구분하다
▶ A와 B를 구별하여 말하다(tell)라는 의미입니다.

All the houses look the same. I can't **tell** hers **from** yours.
모든 집들이 똑같아 보여. 그녀의 집과 네 집을 구별할 수 없어.

distinguish A from B

A와 B를 구별하다
▶ distinguish는 뚜렷한이라는 형용사 distinct에서 온 동사로, A와 B의 뚜렷한 차이를 구별함을 뜻합니다.

It's easy to **distinguish** grapefruits **from** oranges. Grapefruits are bigger than oranges and taste sour.
자몽과 오렌지를 구분하기 쉬워. 자몽이 오렌지보다 더 크고 신 맛이 나지.

know A from B

A와 B를 구별하다
▶ A와 B의 차이점을 알고 있다(know)는 의미입니다.

Parents are responsible for teaching their children to **know** right **from** wrong.
부모는 아이들에게 옳고 그름을 구별할 수 있도록 가르쳐야 할 책임이 있다.

회화에서는 이렇게

A Did you meet Sarah and Tara?
B The twins? Yeah, I met them but I can't **tell** Sarah **from** Tara.
A Ha! I know. It's hard to **distinguish** one **from** the other.
B I wish they would wear name tags.

사라와 타라를 만났니?
쌍둥이? 응, 그들을 만났지만 사라와 타라를 구별하지 못하겠어.
아! 맞아. 둘을 구별하는 게 어렵지.
이름표를 달면 좋겠어.

분리하다 / 분류하다 08

분리하다라는 separate와 분류하다라는 sort에 각각 from와 out을 붙여 의미를 강조합니다.

separate from
~에서 분리하다

This job isn't very stimulating. All I do is separate cans from bottles.
이 일은 별로 흥미롭지 않아. 병 무더기에서 깡통을 분리하는 것뿐이거든.

sort out
분류하다

▶ 뒤에 from을 붙여 ~에서라는 의미를 더해지기도 합니다.

Recycling is important. Everyone should sort out their garbage from their food waste.
재활용은 중요합니다. 모두 쓰레기와 음식물 쓰레기를 분류해야 합니다.

classify as
~로 분류하다

▶ 종류나 등급(class)을 분류한다는 의미를 포함하고 있습니다.

I wouldn't classify a whale as a fish. Whales have warm blood.
난 고래를 물고기로 분류하지 않았어. 고래는 따뜻한 피를 가졌거든.

회화에서는 이렇게

A Some of these test papers are really old.
이 시험지 중 일부는 정말 낡았어.

B But some are new.
그렇지만 일부는 새 거야.

A I have some free time. I'll separate the old tests from the new.
내가 시간이 좀 있으니까. 낡은 거랑 새 거를 분리할게.

B Good. Then after that, sort out the good pens from the bad pens.
좋아. 그럼 그게 끝나면, 좋은 펜과 나쁜 펜을 분류해 줘.

오해하다 09

오해하다라는 뜻의 **mistake**에 전치사 **for**를 붙이면 두 가지 대상을 혼동했다는 의미가 추가됩니다.

mistake A for B

A를 B라고 오해하다

I'm so embarrassed! I mistook that woman for my wife.
창피해! 저 여자를 아내로 오해했어.

+plus idioms

get[take] ~ wrong ~을 오해하다

▶ ~을 잘못 받아들이다라는 의미로 오해를 표현합니다.

You've got them wrong. They are not brothers.
네가 오해한 거야. 그들은 형제가 아니야.

회화에서는 이렇게

A Pardon me. I think you are wearing my jacket.

B Oh, I'm so sorry! I mistook your jacket for mine.

A That's alright. They look the same.

B I guess we both have the same style.

실례합니다. 제 재킷을 입으신 거 같은데요.

오, 죄송해요! 당신 재킷이 제 것인 줄 잘못 알았네요.

괜찮아요. 똑같아 보이는군요.

우리 둘 다 같은 스타일인가 봐요.

CHAPTER 2
구체적 동작과 추상적 동작

UNIT 03

감각

01 보다
02 올려다보다/내려다보다
03 빤히 쳐다보다
04 힐끔 쳐다보다
05 외면하다
06 구경하다
07 회상하다
08 잘 듣다
09 엿듣다

보다 01

자동사 **look**은 특정 대상 없이 **보다**라는 동작 자체를 나타내는 말입니다. 여기에 대상을 써야 할 때는 전치사 **at**이 필요합니다.

look at

~을 보다

Don't look straight at the sun. You'll hurt your eyes.
태양을 직접 보지 마. 네 눈이 상할 거야.

+plus idioms

catch sight of 목격하다, 흘깃 보다

▶ 어떤 광경(sight)이 시야에 들어오는 것을 의미합니다.

I caught sight of a deer yesterday, running across the street.
어제 길을 건너 달려가는 사슴을 봤어.

set eyes on (처음으로) 보다

▶ 어떤 사람이나 사물에 처음으로 시선을(eyes) 두게 되는 것을 의미합니다.

Set your eyes on this! My new Porsche 911!
이것 봐! 내 새 차 포르셰911이야!

> **tip** **look** ~로 보이다 / **look like** ~처럼 보이다
> → look에는 ~처럼 보이다, ~한 모습으로 보이다라는 뜻도 있습니다. 이를 나타내기 위해서는 look + 형용사, 혹은 look like + 명사의 형태로 사용합니다.

에서는 이렇게

A Look at that!
저것 봐!

B Wow! Have you ever set eyes on such a huge building?
와우! 저런 큰 빌딩을 본 적이 있니?

A Never. What is it? A government building?
전혀. 저게 뭐니? 정부 청사?

B No, I think it's a convention center.
아니, 컨벤션 센터 같은데.

올려다보다 / 내려다보다 02

시선을 들어 위쪽을 보면 **look up**, 시선을 내려 아래쪽을 보면 **look down**이 됩니다.

★ look up

올려다보다

Don't look up. There's a big spider on the ceiling.
올려다보지 마. 천장에 큰 거미가 있어.

look down

내려다보다

Why are you looking down that hole? Did you drop something?
왜 저 구멍을 내려다보고 있어? 뭔가 떨어뜨렸니?

회화에서는 이렇게

A Do you want to go hiking on Sunday?
B I don't know. I'm scared of high places.
A If you're scared, don't look down. Just look up at the peak.
B Okay. Do you have any hiking equipment?

일요일에 하이킹 갈래?

모르겠는데. 높은 곳은 무섭거든.

무섭다면 아래를 보지 마. 정상 쪽을 올려다보기만 해.

좋아. 하이킹 장비 가진 거 있어?

빤히 쳐다보다 03

stare와 gaze 모두 응시하다라는 의미의 자동사로, 전치사 at을 붙여서 보는 대상을 나타냅니다.

stare at

응시하다

That guy is strange. He keeps staring at me.
저 남자는 이상해. 계속 나를 쳐다봐.

gaze at

응시하다

She must be in love. She's been gazing at his picture for hours.
그녀는 사랑에 빠졌나 봐. 몇 시간 동안 그의 사진만 쳐다보고 있었어.

회화에서는 이렇게

A What are you staring at?

B The moon. It's a full moon so it's really bright.

A I like to look at the stars sometimes.

B Me too. I could gaze at the stars for hours.

뭘 쳐다보고 있니?

달. 보름달인데 정말 밝다.

가끔 별을 보는 걸 좋아해.

나도. 몇 시간이고 별을 쳐다볼 수 있어.

힐끔 쳐다보다 04

힐끗 보는 대상을 나타낼 때는 전치사 **at**을 씁니다.

glance at

힐끗 보다

▶ 주위를 둘러볼 때는 around, 대충 훑어 볼 때는 down과 함께 사용합니다.

I don't know what I want to eat. I only glanced at the menu.
뭘 먹을지 모르겠어. 그저 메뉴만 힐끔 봤어.

 catch a glimpse of / cast a glance at / shoot a look 힐끗 보다

▶ 동사＋명사의 형태로 쓰이는 표현들입니다.

I caught a glimpse of him through the window.
창문을 통해 그를 힐끗 봤다.

회화에서는 이렇게

A I think that girl likes you.
B Why do you say that?
A When you were walking, she glanced at you.
B A lot of people glance at other people. It doesn't mean anything.

저 여자애가 널 좋아하는 거 같아.

왜 그렇게 말하지?

네가 걸어갈 때, 그 애가 널 힐끔 봤거든.

많은 사람들이 다른 사람들을 힐끔 보곤 하지. 아무 의미 아니라고.

외면하다 05

~로부터(from) 먼 곳을(away) 바라보거나 눈길을 돌리는 모습에서 외면하다라는 의미가 됩니다.

look away (from)

외면하다

Don't look away from me! I'm talking to you!
날 외면하지 마! 네게 말하는 중이잖아!

turn away from

외면하다

I think she's bored. She keeps turning away from the presentation.
그녀는 지루해하는 거 같아. 발표는 안 보고 계속 한눈 팔고 있는데.

회화에서는 이렇게

A Turn the TV off. I hate horror movies.

B Just look away if it's scary.

A I'm not going to turn away from the TV for 2 hours!

B Okay okay. Do you want to play chess instead?

TV 꺼. 난 공포영화 싫어해.

무서우면 안 보면 되잖아.

TV를 두 시간 동안이나 안 볼 순 없다고!

그래 알았어. 대신 체스 할래?

구경하다 06

구경한다는 동작도 상황에 따라 써야 하는 말이 차이가 있습니다. 단순하게 그냥 지켜보는 것 외에 방관한다거나 경치를 구경한다고 할 때는 각각 다른 표현을 사용합니다.

look on

구경하다

▶ 어떤 사건에 참여하지는 않고 지켜보는 모습을 의미합니다.

They looked on the car accident with horror.
그들은 두려워서 교통사고를 구경만 했다.

stand by

방관하다

▶ 개입하지 않고 옆에(by) 서 있다는(stand) 뜻으로, 방관한다는 의미가 됩니다.

How long are you going to stand by and watch? Help me!
언제까지 서서 구경만 할거야? 와서 날 좀 도와줘!

take in

구경하다

▶ 경치 등을 둘러본다는 의미입니다.

I'm going down to the ocean to take in the view.
바다에 가서 구경해야지.

회화에서는 이렇게

A I'm so glad we came to New Zealand.
B I know. The scenery is incredible.
A Well, take it in now. We're going home tomorrow.
B Don't remind me.

뉴질랜드에 온 것이 기뻐.
그래. 경치가 굉장하지.
음, 지금 구경하자. 내일 돌아가야 하니까.
상기시키지 마.

회상하다 07

지나간 것을 돌아본다는 의미이므로 뒤를 나타내는 **back**이 공통으로 쓰입니다.

look back on

~을 되돌아보다

I don't like to look back on my childhood. It wasn't a happy time.
내 어린 시절을 되돌아보고 싶지 않아. 행복한 시간이 아니었거든.

flash back to

~을 회상하다

▶ 회상의 대상을 표현할 때 to를 더합니다.

Whenever I hear K-pop, my mind flashes back to Korea.
K-pop를 들을 때마다, 난 한국을 떠올리곤 해.

회화에서는 이렇게

A Why do you have an old Batman comic?
B I like reading old comics.
   My mind flashes back to my childhood.
A Yeah. When I listen to 80s music, I look back on my teen years.
B That's right. You were a teenager in the 1980s.

왜 낡은 〈배트맨〉 만화책을 갖고 있니?
난 오래된 만화책 보는 걸 좋아해. 유년 시절이 떠오르거든.

그래. 난 80년대 음악을 들으면, 10대일 때가 생각나.

맞아. 넌 80년대에 10대였지.

잘 듣다 08

듣다라는 listen과 hear에 각각 up과 out을 붙여 잘 듣는다는 표현이 됩니다.

listen up

경청하다
▶ 귀를 쫑긋 세우고(up) 진지하게 듣는 모습을 나타냅니다.

If you don't listen up, you'll miss your train stop.
잘 듣지 않으면, 정류장을 놓칠 거야.

hear out

~의 말을 끝까지 들어주다
▶ ~의 말을 끝까지(out) 듣는다는 의미입니다.

Hear him out. Everyone deserves a chance to speak.
그의 말을 끝까지 들어주세요. 모두가 발언 기회를 가져야 하니까요.

회화에서는 이렇게

A Listen up everyone! I have an announcement.

모두 잘 들으세요! 발표하겠습니다.

B Is this about working on Saturday? We don't agree!

토요일에 일하는 것에 대한 거죠? 찬성하지 않아요!

A Please, please, hear me out! This is important.

제발, 제발, 제 말을 끝까지 들어주세요! 이건 중요합니다.

B Alright. We'll listen for 5 minutes.

좋아요. 5분 동안 들을게요.

엿듣다 09

★ listen in on

엿듣다

▶ on 대신 to를 쓰기도 합니다.

Uhh…are you listening in on us? We're trying to have a private conversation.
어… 우리 말 엿듣고 있는 거야? 사적인 이야기를 하려는 중인데.

+plus idioms

overhear 우연히 듣다

▶ 말하는 사람이 눈치채지 못하게 저 너머에(over) 있는 소리를 듣다(hear)라는 의미로, 한 단어입니다.

I overheard some news about the new Avengers movie. Do you want to know?
영화 〈어벤저스〉 새 시리즈에 대해 소식을 좀 들었거든. 알고 싶니?

회화에서는 이렇게

A I overheard Jack and Karen talking outside.

B So?

A So I think Jack is moving to New York.

B Why did you listen in on their conversation?

잭과 카렌이 밖에서 이야기하는 것을 우연히 들었어.

그래?

잭이 뉴욕으로 이사하는 것 같아.

왜 그들의 대화를 엿들었니?

CHAPTER 2
구체적 동작과 추상적 동작

UNIT 04

감정

- **01** 진정하다
- **02** 털어버리다
- **03** 동정하다
- **04** 갑자기 감정을 터뜨리다
- **05** 웃다
- **06** 불평하다
- **07** 비난하다

진정하다 01

진정하다는 감정을 가라앉힌다는 것이므로 전치사 **down**이 쓰입니다.

★ **calm down**

진정하다, 진정시키다

Everyone calm down! It's not a real fire alarm.
모두 진정하세요! 실제 화제 경보가 아닙니다.

cool down

진정되다, 진정시키다

Please cool down! Let's look for solution together.
제발 진정해! 함께 해결책을 찾아보자.

settle down

진정시키다

▶ 정착하여 안정된 삶을 가지게 되는 과정도 의미합니다.

When my baby starts to cry, it's hard to settle him down.
아기가 울기 시작하면, 진정시키기가 어렵다.

회화에서는 이렇게

A I want to talk to the manager now!

책임자에게 지금 말해야겠어요!

B I understand sir, but you have to calm down.

이해합니다 선생님, 그렇지만 진정하세요.

A I don't want to calm down! I want to speak to the manager!

그러고 싶지 않거든요! 책임자에게 말해야겠어요!

B You can talk to him after you settle down.

마음을 가라앉히고 말씀하세요.

털어버리다 02

안 좋은 생각을 털어버리고 잊으라는 의미를 가진 표현들입니다. 털어버린다는 의미에서 전치사 off가 쓰였습니다.

★ laugh off

웃어넘기다

I was embarrassed when I fell down, but I just laughed it off.
넘어졌을 때 당황했지만, 그냥 웃어 넘겼다.

brush off

털어버리다

It's hard to brush off something serious, like the death of a friend.
친구의 죽음처럼 심각한 일을 털어버리기는 어렵다.

> **+plus idioms**
>
> ### put out of one's mind 잊어버리다
>
> ▶ 뭔가 좋지 않은 생각을 마음(mind) 속에서 내보내다(put out)라는 의미로, 안 좋은 일을 일부러 잊어버리는 것을 나타냅니다.
>
> You lost some money? Forget about it. Put it out of your mind.
> 돈을 잃어버렸다고? 잊어 버려. 마음에 담아두지 말라고.

회화에서는 이렇게

A: I'm not very confident about tomorrow's test.
내일 시험에 자신이 없어

B: Why? Because you did badly on the last test?
왜? 지난번 시험을 못 봐서?

A: Yeah, I made a lot of stupid mistakes.
그래, 바보 같은 실수를 많이 했거든.

B: Hey...nobody's perfect. Put that test out of your mind and move on.
이봐… 완벽한 사람은 없어. 지난 시험은 잊어버리고 앞으로 나가야지.

동정하다 03

동정하는 대상이 나오기 때문에 전치사 for를 씁니다.

feel for

불쌍히 여기다

▶ feel sorry for와 같은 의미로, 뒤에는 주로 사람이 나옵니다.

I feel for you. It's sad when a pet dies.
안됐구나. 애완동물이 죽으면 슬프지.

sympathize for

동정하다

▶ 동정심(sympathy)을 느낀다는 뜻으로, 뒤에는 사람과 사물이 모두 나올 수 있습니다.

We sympathize for the poor children of the world.
세계의 불쌍한 아이들을 동정한다.

회화에서는 이렇게

A Did you read about the fire?

B Yeah. The newspaper said that 12 homes burned down.

A How terrible. I really feel for those families.

B Maybe we can help. Let's donate some food and toys.

화재 사건에 대해 읽었니?

네. 신문에서 12채가 불에 소실 됐다고 그랬어요.

정말 끔찍하구나. 그 가족들이 진짜 안됐구나.

우리가 도울 수도 있겠죠. 음식과 장난감들을 좀 기부해요.

갑자기 감정을 터뜨리다 04

뒤에 tears나 laughter처럼 감정과 관련된 명사와 함께 쓰여 감정의 폭발을 표현합니다.

burst into

(갑자기) ~을 터뜨리다

I burst into laughter every time I hear that joke.
그 농담을 들을 때마다 웃음을 터뜨리곤 한다.

break down into tears

와락 울음을 터뜨리다

▶ burst 대신 break down을 사용할 수 있습니다.

The news was so sad that she broke down into tears.
그 소식이 슬퍼서 그녀는 와락 울음을 터뜨렸다.

break into 갑자기 ~하기 시작하다

▶ 뒤에 song, speech, tears, chattering 등 어떤 행동을 갑자기 시작함을 의미합니다.

My daughter loves that CD! She breaks into song whenever she hears it.
여동생은 저 CD를 엄청 좋아해! 그것을 들을 때마다 갑자기 노래를 하기 시작하지.

회화에서는 이렇게

A Your grandfather is so talented!
B Ha...yeah, I know. He should be a performer. Did he break into song yet?
A Yes! We were talking and suddenly he was singing!
B My grandmother is very different. She could make you burst into tears.

네 할아버지는 타고난 재능이 있으시구나!
어… 그래, 그렇지. 공연인이 되셔야 하는 분인데. 벌써 노래를 시작하신 거야?

응! 우리가 얘기하고 있는데 갑자기 노래를 하고 계시더라고!

할머니는 매우 다르셔. 갑자기 널 울릴 수도 있어.

웃다 05

전치사 at 뒤에는 대상이 나옵니다.

smile at

~를 보고 미소 짓다

She's such a sweet girl. She always smiles at everyone.
그녀는 사랑스러운 소녀야. 항상 모두를 보고 미소 짓지.

laugh at

~를 보고 웃다

▶ 비웃거나 놀린다는 의미로도 쓰입니다.

Come on…show me your dance. I promise I won't laugh at you.
자… 네 춤을 보여 줘. 널 놀리지 않겠다고 약속할게.

회화에서는 이렇게

A You never laugh at my jokes.
B That's because your jokes aren't funny.
A Then why do you always smile at me?
B Because you're cute.

넌 내 농담에 절대 웃지 않는구나.
네 농담은 재미없으니까.
그럼 왜 항상 내게 미소 짓는 거니?
네가 귀여우니까.

불평하다 06

불평 불만의 소재를 전치사 **about**으로 표현합니다.

★ **complain about** ~에 대해 불평하다

Billy? No, don't invite him. He's always complaining about his life.
빌리? 아니, 초대하지 마. 그는 항상 자신의 삶에 대해 불평하거든.

grumble about ~에 대해 투덜대다

Dad is always grumbling about the weather.
아빠는 항상 날씨에 대해 투덜대신다.

회화 에서는 이렇게

A I don't want to work at ComTech anymore.
B You always complain about your job.
A So do you! You always grumble about your co-workers.
B I grumble about them because they're foolish.

〈콤테크〉에서 더 이상 일하고 싶지 않아.
항상 네 일에 대해 불평하는 구나.
너도 그렇잖아! 넌 항상 네 동료에 대해 투덜대면서.
그들이 멍청하니까 그렇지.

UNIT **04** 감정

비난하다 07

비난의 대상은 목적어로, 이유는 for와 함께 표현하는 형태의 숙어입니다.

blame A for B

A를 B에 대해 비난하다

Don't blame me for deleting your file. I didn't touch your computer.
네 파일을 지웠다고 비난하지 마. 네 컴퓨터를 만진 적도 없어.

criticize A for B

A를 B에 대해 비난하다

I don't like criticizing people for their weaknesses. I'm not perfect either.
사람의 허약함에 대해 비난하고 싶지 않아. 나도 완벽하지 않으니까.

accuse A of B

A를 B라는 이유로 비난하다

▶ 위의 표현과 달리 accuse의 경우에는 이유를 of로 표현합니다.

Are you accusing me of stealing your wallet?
당신 지갑을 훔쳤다는 이유로 저를 비난하나요?

회화에서는 이렇게

A Are you okay? You look depressed.

B I failed my math test. It's my teacher's fault.

A Don't blame your teacher for your test score. You didn't study.

B That's true. I shouldn't blame him for my actions.

괜찮아? 우울해 보이는데.

수학 시험을 망쳤어. 선생님 잘못이야.

네 시험 성적에 대해 선생님을 비난하지 마. 네가 공부하지 않았잖아.

그건 맞아. 내 행동에 대해 선생님을 비난하면 안 되지.

CHAPTER 2
구체적 동작과 추상적 동작

UNIT 05

기타

01 선택하다
02 결정하다
03 고집하다
04 준비하다
05 성공하다
06 실패하다
07 괴롭히다
08 계속 하다
09 나타나다
10 자랑하다

선택하다 01

우리말로는 둘 다 **선택하다**로 해석되지만, 뉘앙스의 차이가 있습니다.

★ pick out

선택하다

▶ 여러 개 중 무엇을 집어서(pick) 밖으로(out) 빼 놓는다는 의미로, 중요하지 않은 선택을 할 때 사용합니다.

Go ahead. Pick out any flavor you want. It's my treat.
자, 네가 좋아하는 맛으로 골라. 내가 낼게.

opt for

선택하다

▶ opt는 특정한 행동방침을 취할지 여부를 선택한다는 뜻입니다. 취하면 for, 취하지 않으면 against를 씁니다.

They opted for the smaller, environmentally friendly car.
그들은 더 작고 친환경적인 자동차를 선택했다.

+plus idioms

choose to ~하기로 선택하다

▶ to부정사를 목적어로 취해 **~하는 것을 선택하다**라는 의미가 됩니다.

I chose to stay home because I had a massive headache.
심한 두통이 있었기 때문에 집에 머물기로 했다.

에서는 이렇게

A Welcome to Macy's. How can I help you?

B I'm here to pick out a gift. It's my brother's birthday.

A How about a sweater? Or a neck-tie? We have many styles.

B I'll opt for the sweater. He has enough ties now.

〈메이시〉에 오신 것을 환영합니다. 무엇을 도와드릴까요?
선물을 고르려고 왔어요. 오빠 생일이거든요.

스웨터는 어떠세요? 아니면 넥타이? 다양한 스타일이 있어요.

스웨터로 할게요. 타이는 지금도 충분하거든요.

결정하다 02

mind와 decision에 알맞은 동사구를 붙여 **결정하다**라는 표현을 만듭니다.

★ make up one's mind

결심하다

▶ 마음(mind)을 세우다(make up)라는 의미로, 우리말의 **마음을 먹다**에 해당하는 표현입니다.

Hurry up and make up your mind. We have to go.
서둘러서 결심해 줘. 우리 가야 해.

come to a decision

결정을 내리다

▶ 어떤 결정(decision)에 이르다(come to)라는 의미로, 어떤 과정을 거쳐 결정을 내리게 된 상황을 나타냅니다.

Our company finally came to a decision: it will expand to Asia.
우리 회사는 마침내 결정을 내렸습니다. 아시아로 확장할 것입니다.

+plus idioms: make a decision 결정하다

▶ **결정하다**라는 동사 decide와 같은 의미로 명사형을 사용한 숙어입니다.

Did you two make a decision about the wedding date yet?
너희 둘은 결혼 날짜에 대해 이제 결정했니?

회화에서는 이렇게

A What do you want, coffee or green tea?
커피와 차 중 어느 것으로 할래?

B I can't make up my mind.
결정을 못하겠어.

A Well, make a decision quickly. We're next to order.
자, 빨리 결정해. 우리가 주문할 차례야.

B I'll have green tea then. I already had coffee this morning.
그럼 녹차로 할게. 아침에 커피를 이미 마셨거든.

고집하다 03

달라붙다라는 의미를 가진 동사와 ~에라는 뜻의 전치사 **to**를 사용하여 끝까지 붙어서 바꾸지 않고 지키는 모습을 표현합니다.

★ **stick to**

굳게 지키다

You never stick to your decisions.
네 결정을 결코 고수하지 마라.

cling to

고수하다

Do your parents sometimes cling to their family traditions?
네 부모님은 때때로 그 분들 가족의 전통들을 고수하시니?

hold on to

고수하다

Hold on to that thought. I have to go to the washroom.
그 생각을 고수하렴. 난 화장실에 가야겠어.

adhere to

고수하다

▶ 위의 세 표현보다 격식을 갖춘 표현입니다.

I'm very open-minded. I don't adhere to old-fashioned ideas.
난 생각이 매우 트였어. 난 구식의 생각들을 고수하지 않아.

회화에서는 이렇게

A The Canex 30D. Is this the camera you want?

카넥스 30D야. 네가 원하던 카메라가 이것이지?

B Yeah, that's it. I'm going to buy it with my credit card.

네, 바로 그거예요. 신용카드로 사려고요.

A No, stick to your plan. Save the money and then buy it.

아니, 계획대로 밀고 나가. 돈을 모은 다음에 사도록 해.

B But I want it now.

하지만 지금 갖고 싶은 걸요.

112 CHAPTER 2

준비하다 04

~을 위해라는 의미의 for를 붙여 ~에 대비해 준비하다라는 의미가 됩니다.

★ prepare for

~에 대비해 준비하다

Put some money in the bank every month. Prepare for the future.
매달 은행에 돈 좀 넣어둬. 미래에 대비하도록.

+plus idioms

arrange to 주선하다

▶ to 부정사를 목적어로 사용하여 **~하는 것을 준비하다**라는 의미로 쓰입니다.

We arranged to have the table delivered next week.
우리는 다음 주에 탁자가 배달되도록 준비했다.

회화에서는 이렇게

A Planning this trip to Europe is stressful.
B Why? Do you have to prepare for many things?
A Yes, and the flight is very early, so I can't take the bus.
B You should arrange to take a taxi to the airport.

유럽 여행 계획 세우느라 스트레스를 받아.
왜? 준비해야 할 게 많니?
응, 그리고 항공편이 너무 일러서, 버스를 탈 수 없네.
공항까지 택시를 탈 수 있도록 준비해야겠구나.

성공하다 05

~에서(in) 성공하다(succeed)라는 의미로, 성공한 분야를 표현합니다.

succeed in

~에 성공하다

> If you want to succeed in life, work hard!
> 인생에 성공하고 싶으면, 열심히 일해!

manage to

그럭저럭 해 내다

▶ 쉽게 성공한 것이 아니라 힘든 일을 어떻게든 간신히 해 냈을 때 사용합니다.

> Did you manage to get that teaching job?
> 그 강사직을 결국 따낸 거야?

---

 make it 성공하다

바라던 목표를 이뤘을 때 사용하는 표현입니다. 또한 약속 시간에 맞게 도착했을 때도 씁니다.

I'm good at baseball but I won't make it to the Major Leagues.
나는 야구를 잘하지만 메이저리그에 진출하지는 못할 거야.

회화에서는 이렇게

A It's not easy to succeed in business.

사업에 성공하기가 쉽지 않아.

B That's true. My cousin opened a Thai restaurant but he failed.

맞아. 내 사촌은 태국 음식점을 개업했는데 망했어.

A He couldn't make it work? What happened?

잘 안됐다고? 무슨 일이 있었는데?

B He spent too much money. Also, the restaurant was in a bad location.

돈을 너무 많이 썼거든. 식당 위치도 안 좋았고.

실패하다 06

끝까지 완수하지 못한 것도 일을 망쳐 버린 것도 **실패하다**라는 표현이 될 수 있습니다.

fail in

실패하다

▶ succeed와 마찬가지로, **실패**라는 뜻인 fail도 같은 형식으로 사용합니다.

I failed in getting admitted to Harvard but that's okay.
난 하버드에 입학하는 데 실패했지만 괜찮다.

★ mess up

망치다

▶ 일을 망치거나 실패했다는 표현입니다.

I really messed up today. I forgot my mother's birthday.
오늘 정말 망했네. 엄마 생신을 잊어버렸어.

fall through

완료하지 못하다

▶ 끝까지(through) 하지 못하고 떨어져(fall) 버렸다는 의미로, 계획 등이 완료되거나 실현되지 못하고 실패로 끝났을 때 사용합니다.

Don't fall through on your responsibilities.
네 책임을 완수하지 못하면 안 돼.

회화에서는 이렇게

A Hey Scott. Did you finish your science project?
어이 스캇. 과학 프로젝트 끝냈니?

B No, I failed in the experiment. I'll try again tonight.
아니, 실험에 실패했어. 오늘 밤에 다시 해 보려고.

A It's not easy. Well, call me if you need help.
쉽지 않지. 그럼, 도움이 필요하면 불러.

B Thanks. If I mess up again, I'll call you.
고마워. 또 망치면, 전화할게.

괴롭히다 07

어떤 상대를 괴롭히거나 놀린다는 의미의 표현입니다.

★ make fun of

~를 놀리다

▶ ~를 웃음거리(fun)로 만들다(make)라는 의미로, 괴롭히거나 놀리는 행동을 표현합니다.

Why did you make fun of your sister? Go and say you're sorry.
네 여동생을 왜 놀렸니? 가서 사과하렴.

pick on

~를 괴롭히다

▶ ~를 비난하거나 벌을 주는 등 부당하게 괴롭힐 때 사용합니다.

He always picks on children that are smaller than him.
그는 항상 자기보다 작은 아이들을 괴롭힌다.

회화에서는 이렇게

A Why were you fighting at school, Eric?
B Some kids made fun of me. So I got into a fight.
A Why do they always pick on you?
B I'm not sure. I think it's because I'm smarter than them.

학교에서 왜 싸웠니, 에릭?

어떤 애들이 저를 놀렸어요. 그래서 싸우게 됐어요.

그들은 왜 항상 널 괴롭히니?

잘 모르겠어요. 제가 그들보다 더 똑똑하기 때문인 것 같아요.

계속 하다 08

on은 시간의 진행을 의미하는 전치사로, go, carry, keep 등에 붙어 계속 한다는 뜻을 강조합니다.

go on

계속 하다

I can't go on with this relationship. It's too stressful.
이 관계를 지속할 수 없어. 너무 스트레스야.

carry on

계속 하다

This university class is hard but I'll carry on with it.
이 대학 수업은 어렵지만 난 계속 할 것이다.

keep on

계속 하다

If you keep on doing what you've always done, you'll keep on getting what you've always got.
네가 항상 하던 일만 계속 한다면, 항상 얻었던 것만 계속 얻게 될 거야.

회화에서는 이렇게

A My diet isn't working. I'm not losing any weight.

B But you just started that diet. You should carry on with it.

A Okay. I'll go on with it for 2 more months.

B You can do it!

다이어트가 효과가 없어. 체중이 하나도 안 줄었어.

그렇지만 넌 다이어트를 막 시작했잖아. 계속 해야지.

그래. 두 달 더 계속 해야지.

넌 할 수 있어!

나타나다 09

없다가 위로 드러나는 의미인 **up**을 붙여 나타남을 표현합니다.

★ show up

나타나다

▶ 특히 예정된 곳에 나타날 때 사용합니다.

Emma didn't show up for work today. Do you think she's alright?
엠마는 오늘 일하러 오지 않았는데. 괜찮은 것 같니?

turn up

나타나다

▶ 잃어버렸던 물건 등이 뜻밖에 나타나서 찾게 되었을 때 사용합니다.

Don't worry about your jacket. I'm sure it will turn up.
네 재킷은 걱정 마. 꼭 찾게 될 거야.

회화에서는 이렇게

A No one showed up for the dance class.

B Did you make some posters about the class?

A No, I just told some friends about it.

B Next time, advertise. Maybe more people will turn up.

댄스 수업에 아무도 오지 않았어.

수업에 대한 포스터를 만들었니?

아니, 친구 몇 명에게 말하기만 했어.

다음에는, 광고해 봐. 아마 더 많은 사람들이 나타날 거야.

자랑하다 10

show나 boast를 이용하여 자랑하다라고 표현할 수 있습니다.

show off

자랑하다

▶ 다른 것으로부터 떨어져(off) 보이게 되면(show) 두드러지거나 돋보이게 되므로 자랑한다는 뜻이 됩니다.

Whenever he scores, he shows off with a victory dance.
그는 득점할 때마다 승리의 춤으로 자랑한다.

boast about

~에 대해 자랑하다

▶ 자랑의 소재를 표현할 때 about이나 of를 사용합니다.

She's very modest. She doesn't boast about anything.
그녀는 매우 겸손해. 아무것도 자랑하지 않지.

회화에서는 이렇게

A Did you see that shot? I'm the greatest athlete in the world!

B It was a nice shot but don't boast about it.

A Why not? I'm awesome! I'm an athletic god! Do you think I show off too much?

B Uhh...yes.

그 슛 봤니? 난 세계에서 제일 위대한 선수야!

멋진 슛이었지만 그걸 자랑하진 마.

왜? 엄청나잖아! 난 운동의 신이라고! 내가 너무 뻐기는 것 같아?

어… 그래.

PHRASE VERBS

CHAPTER 3

커뮤니케이션

UNIT 01 인사

UNIT 02 의사소통

UNIT 03 연락

UNIT 04 데이트 & 관계

UNIT 05 결혼 & 육아

CHAPTER 3 커뮤니케이션

UNIT 01

인사

01 우연히 만나다 1
02 우연히 만나다 2
03 안부를 묻다
04 소식을 듣다
05 소개하다
06 ~출신이다
07 초대하다
08 대접하다
09 감사하다
10 사과하다
11 용서하다
12 배웅하다

우연히 만나다 1 01

충돌의 의미인 전치사 into와 결합하여 ~로 달려가거나(run) 부딪혀서(bump) 맞닥뜨리는 상황을 나타냅니다. 뒤에 사람이 나오면 **우연히 만나다**, 문제나 상황이 나오면 **직면하다**, 사물과 만나면 **충돌하다**라는 의미가 됩니다.

run into

~와 우연히 만나다

I ran into Richard at the shoe store. He looked great.
신발가게에서 리처드와 우연히 만났어. 멋지던데.

bump into

~와 마주치다

I was walking into the bank and bumped into Nayan.
은행 안으로 들어가는 데 나얀과 마주쳤다.

회화에서는 이렇게

A Guess who I bumped into this afternoon?
B I don't know. Who?
A Elizabeth Daley...our old high-school science teacher.
B Really? I ran into her just 2 weeks ago.

오후에 내가 누구랑 마주쳤게?
모르겠는데. 누구?
엘리자베스 달리… 우리 예전 고등학교 과학 선생님 말이야.
정말? 난 2주 전에 우연히 만났었어.

우연히 만나다 2 02

~로 향해 가로질러(across) 달려가거나(run) 다가가다가(come) 교차로에서 우연히 마주치게 된다는 표현입니다.

run across
~를 우연히 만나다
Do you ever run across your uncle Bob?
밥 삼촌과 우연히 만난 적 있니?

come across
~을 우연히 발견하다
If you come across my car keys, please call me.
제 자동차 열쇠를 발견하면, 전화 주세요.

회화에서는 이렇게

A What are you looking for?
B My black leather gloves. You haven't run across them, have you?
A No...oh wait! I think I saw the dog playing with some gloves.
B What? And you never stopped him?

뭘 찾고 있어?

내 검정색 가죽 장갑. 그것들을 못 봤지, 그렇지?

응… 오 잠시만! 개가 어떤 장갑을 갖고 노는 걸 본 거 같은데.

뭐? 그런데 가만히 둔 거야?

UNIT 01 인사 125

안부를 묻다 03

묻다라는 의미를 가진 동사와 **about**을 함께 쓰면 ~와 관련된 것을 묻다라는 뜻이 됩니다. 그런데 사람에 대해 묻는 것이라면 그의 주변상황, 즉 **안부를 묻다**는 의미가 됩니다.

ask about
~에 대해 (안부를) 묻다

His mother's been asking about him lately. Maybe she has some news.
그의 어머니는 최근 그에 대해 물어보셨다. 아마 소식이 좀 있으신가 보다.

inquire about
~에 관하여 묻다

▶ inquire는 ask보다 좀 더 격식을 갖춘 상황에서 쓰이며, 정보를 요구하는 경우가 많습니다.

The police were inquiring about that robbery on Tuesday.
경찰은 화요일에 일어난 강도 사건에 대해 물어보고 있었다.

회화에서는 이렇게

A How is your grandmother doing?
B She's not very good. She's still sick with pneumonia.
A That's too bad. Tell her I was asking about her.
B I will. She'll be happy to hear your name.

할머니는 잘 지내세요?
별로 안 좋으세요. 아직 폐렴을 앓고 계시죠.
그것 참 안됐군요. 안부 전해 주세요.
그럴게요. 당신 이름을 들으면 좋아하실 거예요.

소식을 듣다 04

듣다라는 동사 hear에 전치사 from과 of를 붙여 ~ 소식을 듣다라는 표현이 됩니다.

★ hear from

~에게 소식을 듣다

▶ ~로부터 **직접 소식을 듣다**라는 의미입니다.

I haven't heard from Steve in 3 months.
석 달 동안 스티브에게 소식을 듣지 못했다.

hear of

~에 대해 듣다

▶ 직접 들은 소식이 아니라, 소문 또는 누군가를 통해 **간접적으로 소식을 듣다**라는 의미입니다.

I never hear of that band The Elements anymore. Do you?
엘리먼츠라는 밴드에 대한 소식을 더 이상 못 들었어. 너는 들었니?

회화에서는 이렇게

A Did you hear from Jin yesterday?
B No, I didn't talk to her this week. Why?
A She wants us to go bowling on Saturday.
B Bowling? Seriously? My average score is 43.

어제 진에게서 소식 들었니?
아니, 이번 주엔 말도 못 해 봤는데. 왜?
토요일에 우리한테 볼링 치러 가고 싶대.
볼링? 진심이야? 내 평균 점수가 43밖에 안 되는데.

소개하다 05

소개하는 대상이 목적어가 되고, 소개받는 대상은 to 뒤에 나옵니다.

introduce A to B

A를 B에게 소개하다

I'd like to introduce you to my friend, Alex.
당신을 내 친구 알렉스에게 소개하고 싶어요.

present A to B

A를 B에게 소개하다

▶ introduce보다 좀 더 격식을 갖춘 상황에서 소개함을 의미합니다.

After we watch the movie, I'll present the director to the audience.
영화를 보고 나서, 감독을 관중에게 소개하겠습니다.

회화에서는 이렇게

A Later today, I will present our new coach to everyone.
오늘 늦게, 모두에게 새로운 코치를 소개하겠습니다.

B Should the players introduce themselves to the coach?
선수들은 코치에게 자기소개를 해야 하나요?

A Yes, but just a short introduction.
네, 하지만 짧게 하면 되요.

B That sounds good. I'll tell them right away.
잘됐네요. 그들에게 바로 말할게요.

~ 출신이다 06

출신지나 고향을 말할 때 from(~로부터)을 사용합니다.

come from   ~ 출신이다

I come from a small town in Canada.
저는 캐나다의 작은 도시 출신입니다.

be from   ~ 출신이다

Actually, Susan's not from America. She was born in Ecuador.
사실, 수잔은 미국 출신이 아니다. 그녀는 에콰도르에서 태어났다.

회화에서는 이렇게

A Hi. You're the exchange student, right?
B Yes, I am. My name's Linea.
A Nice to meet you Linea. Where do you come from?
B I'm from Argentina. Have you been to South America?

안녕. 네가 교환학생이지, 맞지?
응 그래. 내 이름은 리니아야.
리니아 만나서 반가워. 어디 출신이니?
아르헨티나에서 왔어. 남아메리카에 가 본 적 있니?

초대하다 07

invite와 ask를 써서 초대하다라는 표현을 만들 수 있습니다.

invite to

~에 초대하다

▶ invite+사람+to+장소 혹은 행사의 형태로, ~를 ~에 초대하다라는 의미입니다.

Yeah, I invited Christine and her brother to the concert.
그래, 내가 크리스틴과 그의 오빠를 콘서트에 초대했어.

ask over

~를 초대하다

▶ ask+사람+over(+to+장소)의 형태로, 주로 주위 사람을 집으로 초대할 때 씁니다.

I would ask you over to my house, but I'm busy.
당신을 우리 집에 초대해야 하는데, 제가 바빠서요.

회화에서는 이렇게

A I'm going to have a World Cup party at my house.
우리 집에서 월드컵 파티를 할 거야.

B Who are you going to invite to your party?
파티에 누구를 초대할 거야?

A Some friends and co-workers.
친구들과 동료들.

B You should ask Trevor over. He's a huge soccer fan.
트레버를 꼭 초대해. 그는 굉장한 축구 팬이거든.

대접하다 08

treat에는 대접이나 특별한 선물, 한턱의 의미가 있습니다.

★ treat to

~에게 한턱 내다

Can I treat you to an English breakfast?
영국식 아침 식사를 대접해도 될까요?

+plus idioms

roll out the red carpet
극진히 환대하다

▶ **레드 카펫을 깔다**라는 뜻입니다. 시상식에서 스타들이 레드 카펫을 밟으며 입장하는 모습처럼 예의를 갖춰 극진히 환대한다는 의미입니다.

Wow…fancy! This hotel really rolls out the red carpet.
와우… 화려한데! 이 호텔은 정말 극진히 환대하는구나.

my treat 내가 낼게

▶ 내가 대접하겠다는 의미입니다. 우리 말로 흔히 **내가 쏠게**라고 하지요. 다른 표현으로 It's on me!라고 하기도 합니다.

Let me buy you a latte. It's my treat!
내가 라떼 사 줄게. 내가 낼게!

회화에서는 이렇게

A I can't believe it! My parents are coming to Korea!

B Nice! What are you going to do?

A I'm going to show them Busan, Seoul and Jeju-do. And it's all my treat!

B You're really going to roll out the red carpet, aren't you?

믿을 수 없어! 부모님이 한국에 오신대!

좋겠다! 뭐 할 거야?

부산, 서울과 제주도를 구경시켜 드릴 거야. 그리고 모두 내가 내야지!

정말 극진하게 대접하려는 구나, 그렇지?

감사하다 09

감사하는 이유를 표현할 때는 전치사 **for**를 씁니다.

thank for

~에 대해 감사하다

▶ thank는 대상을 목적어로 취하는 타동사이므로, thank+사람+for+이유의 형태로 쓰입니다.

Thank you **for** cleaning up the house today.
오늘 집을 청소해 줘서 감사합니다.

+plus idioms

be grateful for ~을 고맙게 여기다
be thankful for ~에 대해 감사히 여기다

▶ 고마워하는이라는 뜻을 가진 형용사를 사용하여 감사를 표현할 수도 있습니다.

Of course I'm grateful for you being my mom.
물론 우리 엄마가 되어 주신 것 감사해요.

We are very thankful for all your hard work.
당신이 열심히 일해 준 것에 대해 감사하고 있어요.

회화에서는 이렇게

A There! Your garden is finally finished.
B Yes, thank you for your help.
A It was my pleasure. I've always loved gardening.
B Can you help me paint my house next?

자! 네 정원이 마침내 완성됐어.

그렇구나, 도와줘서 정말 고마워.

내가 좋아서 한 건데. 난 언제나 정원 가꾸는 것을 좋아했으니까.

다음에 우리 집 페인트 칠하는 것 도와줄래?

사과하다 10

사과하는 이유를 표현할 때도 전치사 for를 씁니다.

apologize for

~에 대해 사과하다

▶ apologize는 자동사이므로, apologize+to+사람+for+이유의 형태로 쓰입니다.

I'd like to apologize for eating all the cake.
내가 케이크 전부를 먹은 것에 대해 사과하고 싶어.

make an apology for 사과하다

▶ 명사 apology를 사용하여 사과를 표현할 때는 동사 make를 함께 씁니다.

I hope she made an apology for being 2 hours late.
그녀가 두 시간 늦은 것에 대해 사과했으면 해.

회화에서는 이렇게

A Hello, Jill? I'd like to make an apology for last night.
안녕, 질? 지난밤에 대해 사과하고 싶어.

B Well, yeah. You cancelled our date very suddenly.
음, 그래. 우리 데이트를 너무 갑작스럽게 취소했지.

A I know. I want to apologize for that.
알아. 그 점을 사과하고 싶어.

B So, why did you cancel?
그래서, 왜 취소했는데?

용서하다 11

감사, 사과와 마찬가지로, 용서의 이유에도 전치사 for를 씁니다.

forgive for

~을 용서하다

▶ 남의 잘못을 용서해 준다는 의미입니다.

Please forgive me for saying that your dress is ugly.
네 옷이 밉다고 말한 것을 용서해 줘.

excuse for

~을 용서하다

▶ 별로 중요하지 않은 잘못에 대해 용서하는 것을 의미합니다.

I was very rude yesterday. I hope you'll excuse me for my behavior.
내가 어제 무례했어. 내 행동에 대해 용서해 주길 바라.

pardon for

~을 용서하다

▶ excuse와 비슷한 의미이지만 좀 더 정중한 표현이며, 심각한 행동에 대해 처벌을 면제한다는 뜻이 있습니다.

Pardon me for stepping on your foot. It was an accident.
발을 밟아 죄송해요. 사고였어요.

회화에서는 이렇게

A My new pants! You spilled wine on them!
내 새 바지! 당신이 와인을 쏟았어요!

B I'm so sorry! Please forgive me for that.
죄송해요! 용서해 주세요.

A These are expensive pants too!
이건 비싼 바지라고요!

B Again, I'm sorry. Can I buy you another glass of wine?
다시 한 번, 죄송합니다. 와인 한 잔 더 사 드릴까요?

배웅하다 12

대상이 시야 밖으로(off, out) 사라질 때까지(off, out) 바라본다(see)는 의미로, 배웅을 의미합니다.

see off

배웅하다

I can't see you off at the train station. I have a meeting.
역에서 배웅하지 못하겠어요. 약속이 있어서요.

see out

배웅하다

I'll see you out of the building so you don't get lost.
길을 잃지 않도록 건물을 나가는 데까지 배웅할게요.

회화에서는 이렇게

A Did your parents enjoy their vacation?
B Yes, they loved it. They really enjoyed traveling around Korea.
A When are they flying back home?
B Tomorrow morning. I'm going to see them off at the airport.

부모님은 휴가를 잘 보내셨니?

응, 좋아하셨어. 한국을 돌아다니며 여행하시는 것을 정말 즐기셨어.

언제 집으로 돌아가시니?

내일 아침에. 난 공항에서 배웅할 거야.

CHAPTER 3 커뮤니케이션

UNIT 02

의사소통

01 말하다 1
02 말하다 2
03 수다를 떨다
04 공개적으로 말하다
05 소리치다
06 말다툼 하다
07 대답하다
08 말대꾸하다
09 호소하다
10 고자질하다
11 누설하다/숨기다
12 거짓말하다

말하다 1

말하는 내용을 나타낼 때는 전치사 **of**나 **about**을 씁니다.

★ speak of

~에 대해 말하다

▶ speak 뒤에 바로 목적어가 나오면 **~언어를 말하다**는 표현이 됩니다.

People always speak of your family with kind words.
사람들은 네 가족들에 대해 친절한 말로 말한다.

talk about

~에 대해 이야기하다

▶ talk는 **이야기하다, 대화하다**의 뜻으로, 내용을 말할 때는 주로 about과 같이 씁니다.

Don't talk bad about Kurt when he's not here. It's kind of mean.
커트가 없는 자리에서 나쁘게 이야기하지 마. 그건 좀 비열하잖아.

회화에서는 이렇게

A You should watch this lecture online.
B What is it about?
A A Buddhist monk talks about his life.
B That sounds interesting. What's the website?

이 강의를 온라인으로 보도록 해.

뭐에 대한 건데?

한 스님이 자신의 삶에 대해 이야기하는 거야.

재미있겠는데. 무슨 사이트야?

UNIT 02 의사소통

말하다 2

말하는 대상을 나타낼 때는 전치사 **to**를 씁니다.

speak to

~와 이야기하다

Can I speak to your father please?
네 아버지와 이야기 좀 해도 될까?

talk to

~에게 말을 걸다

She doesn't want to talk to anyone. Leave her alone.
그녀는 아무에게도 말을 걸고 싶지 않아하거든. 그녀를 내버려 둬.

회화에서는 이렇게

A Hey Bruce. Did you talk to Cate recently?
B Yeah, I spoke to her briefly at the hospital.
A Is she feeling any better?
B A little bit, but the doctor says that she needs a lot of rest.

브루스. 최근에 케이트에게 말 걸어봤니?
응, 병원에서 잠시 이야기했어.

좀 나아졌대?

조금, 하지만 의사가 좀 더 많이 쉬어야 한다고 했대.

수다를 떨다 03

전치사 **away**는 쉬지 않고 계속 행동한다는 의미가 있는데, **talk**나 **chat**과 함께 쓰여 수다를 떨며 시간을 보내는 모습을 나타냅니다.

talk away

수다를 떨다

▶ 계속 이야기하는 모습을 표현합니다.

She's a good person to talk away the time with. She has lots of stories.

그녀는 수다를 떨며 함께 시간을 보내기 좋은 사람이야. 할 이야기가 많거든.

chat away

잡담으로 시간을 보내다

I didn't hear you knocking. I was chatting away on the phone.

네가 노크하는 걸 못 들었어. 전화로 수다 떨고 있었거든.

> **+plus idioms**
>
> ### shoot the breeze 수다를 떨다
>
> ▶ 산들바람(breeze)처럼 가벼운 이야기를 주고받는다는 의미가 됩니다.
>
> We were just shooting the breeze on the street corner.
>
> 우리는 그냥 길모퉁이에서 이야기를 나눴을 뿐이에요.

에서는 이렇게

A Welcome home! How was your flight?

B Not bad, thanks.

A It was a long flight too. What did you do on the plane for 11 hours?

B I talked away the time with another passenger.

집에 잘 왔어! 비행은 어땠니?

나쁘진 않았어요, 감사해요.

비행이 길기도 했지. 비행기에서 11시간 동안 뭐 했니?

다른 승객들과 이야기하며 시간을 보냈죠.

공개적으로 말하다 04

말하다라는 동사 speak에 전치사 out과 up을 붙여 드러내어 말한다는 표현이 됩니다.

speak out

공개적으로 말하다

▶ 어떤 사안에 대한 믿음이나 반대를 거리낌없이 공개적으로 밝힌다는 의미입니다. 반대할 때에는 against를 붙입니다.

We have to speak out against companies that pollute the Earth.
우리는 지구를 오염시키는 회사에 맞서 공개적으로 말해야 한다.

★ speak up

거리낌 없이 말하다

▶ 생각하고 있는 일을 주저하지 말고 소리 높여 이야기하는 것을 의미합니다. 특히 사람이나 사안을 지지하거나 변호한다는 뜻으로 for와 함께 쓰기도 합니다.

You have to speak up about that at the meeting.
그 점은 회의에서 발언해야지.

회화에서는 이렇게

A I don't agree with Mrs. Sarandon's new rule.

B Then speak up. Tell her how you feel.

A That's embarrassing. There are too many people here.

B Well, if you don't speak out, nothing will ever change.

서랜든 씨의 새 규칙에 동의하지 않아.

그럼 솔직히 말해. 그녀에게 네가 느끼는 바를 이야기해.

창피하잖아. 여긴 사람이 너무 많아.

음, 네가 공개적으로 말하지 않는다면 아무것도 바뀌지 않을 거야.

소리치다 05

소리치다라는 의미를 가진 동사와 **out**을 함께 사용하여 매우 큰 소리를 내어 소리치는 것을 의미합니다.

scream out

고함을 지르다

His cat scratched me and I screamed out.
그의 고양이가 나를 할퀴어서 비명을 질렀다.

yell out

소리를 지르다

And then the singer yelled out, "Raise your hands!"
그리고 나서 가수는 "손 들어요!" 라고 소리쳤다.

cry out

~을 외치다

Most babies cry out when they're hungry.
대부분의 아기들은 배고플 때 큰 소리로 운다.

회화에서는 이렇게

A I don't like Halloween parties.
B Ghosts, witches, vampires! Come on, it'll be fun.
A What about the haunted house? I might get scared.
B Then you can scream out my name. I'll rescue you.

난 할로윈 파티가 싫어.
유령, 마녀, 흡혈귀도 있네! 가자, 재미있을 거야.
유령의 집은 어쩌고? 무서울 거 같은데.
무서우면 내 이름을 크게 불러. 내가 구해줄 테니까.

말다툼 하다 06

언쟁의 대상은 전치사 **with**를 써서 표현합니다.

argue with

~와 언쟁을 벌이다

What's wrong? Did you argue with your boyfriend again?
무슨 일이야? 네 남자 친구와 또 말다툼 했니?

quarrel with

~와 언쟁하다

▶ quarrel은 말다툼뿐 아니라, 몸으로 하는 싸움도 의미합니다.

I used to quarrel with my friends. I think I was a little stubborn then.
친구들과 다투곤 했지. 그 시절에 난 고집이 셌던 것 같아.

회화에서는 이렇게

A Michael, don't argue with your brother.
B But he hit me.
A That's not good. Why did he hit you?
B Because I kicked him.

마이클, 동생이랑 싸우지 말아라.
하지만 걔가 저를 때린 걸요.
그럼 안 되지. 왜 때렸는데?
제가 발로 찼거든요.

대답하다 07

대답하는 대상을 나타낼 때는 전치사 **to**를 씁니다. 대상에는 사람뿐만 아니라 질문, 편지 등도 포함됩니다.

reply to

~에 답하다

I don't reply to stupid questions.
난 멍청한 질문에는 대답하지 않는다.

respond to

~에 대응하다

Please respond to his email ASAP. It's important.
그의 이메일에 최대한 빨리 답장하세요. 중요합니다.

회화에서는 이렇게

A What are you doing Gwen?
B I'm replying to some emails.
A Do you have time for lunch? I know a great Greek place.
B Sorry, I can't. It takes about 20 minutes to respond to just one.

뭐 하고 있니 그웬?
이메일에 답장하고 있어.
점심 먹을 시간 있니? 굉장한 그리스 식당을 알고 있어.
미안해, 안 되겠는데. 한 통 답장하는 데 20분 정도 걸리거든.

말대꾸하다 08

되받아서(back) 말하거나 대답한다는 의미로 **말대답하다, 말대꾸하다**라는 표현이 됩니다. 주로 부모나 상사, 손위 사람에게 무례하거나 도전적인 태도로 말하는 모습에 사용합니다.

★ **talk back**

~에게 말대답하다

I used to talk back to my parents when I was younger.
어렸을 때 부모님에게 말대답하곤 했다.

answer back

~에게 말대꾸하다

Don't answer back with that attitude! I deserve some respect.
그런 태도로 말대꾸하지 마라! 나도 존중 받아 마땅한 사람이니까.

회화에서는 이렇게

A Are your parents strict?
B A little bit. I always had to behave in the house.
A Me too. And I wasn't allowed to talk back to them.
B Oh, definitely. If I answered back to my parents...trouble!

네 부모님은 엄하시니?

좀. 집에선 항상 예의 바르게 행동해야 해.

나도 그래. 그리고 부모님께 말대답하면 안 됐지.

오, 물론. 만약 부모님께 말대꾸했다간… 골치 아파!

호소하다 09

호소하다라는 의미의 동사 appeal에 대상은 to, 내용은 for 뒤에 각각 써서 표현합니다.

appeal to

~에 호소하다

▶ 설득을 위해 간청하는 대상을 표현합니다.

The lawyer appealed to the jury for mercy.
변호사는 배심원에게 자비를 호소했다.

appeal for

~에 대해 호소하다

▶ 급하거나 중요한 부탁을 들어줄 것을 간청한다는 의미입니다.

This concert is being held to appeal for funds for children in Africa.
이 공연은 아프리카 어린이를 돕기 위한 기금 모음을 호소하기 위해 열리고 있다.

회화에서는 이렇게

A Please don't call the police!
B But your car hit my scooter.
A It was a mistake. Please, I appeal to your goodness.
B Okay, but you still have to pay for the damage.

제발 경찰에 전화하지 마세요!
하지만 당신 차가 제 스쿠터를 쳤잖아요.
그건 실수예요. 제발, 이렇게 사정할게요.
알겠어요. 그렇지만 손해 배상은 해 주셔야 해요.

UNIT 02 의사소통

고자질하다 10

on 뒤에 나오는 대상은 고자질을 당하는 대상이 됩니다.

★ tell on

~를 고자질하다

▶ 목적어 something wrong이 생략되었다고 볼 수 있습니다. **~와 관련된 나쁜 행동을 말하다**라는 의미로, 고자질한다는 표현이 됩니다.

Put that money back now, or I'll tell on you.
그 돈 바로 지금 돌려줘, 안 그러면 너를 고자질할 거야.

rat on

~를 밀고하다

▶ 나쁜 행동을 높은 사람이나 담당자에게 보고한다는 의미입니다.

Someone ratted on me. I hope I don't get in trouble.
누군가 나를 밀고했어. 문제가 되지 않으면 좋겠는데.

>
>
> ### spill the beans 무심코 비밀을 누설하다
>
> ▶ 과거 그리스에서 흰콩과 검은콩으로 투표했던 것에서 기원한 표현입니다. 콩을 쏟아버리면(spill the beans) 흰콩인지 검은콩인지 들통이 나겠죠.
>
> **Are you sure you want to spill the beans on a friend?**
> 친구의 비밀을 누설하려는 게 정말이야?

회화에서는 이렇게

A I saw the school principal talking to Edward.
교장 선생님이 에드워드에게 말씀하시는 걸 봤어.

B Yeah, Edward was fighting again.
응, 에드워드가 또 싸웠거든.

A Who spilled the beans?
누가 일렀는데?

B I think Jessica White told on Edward.
제시카 화이트가 에드워드를 고자질한 것 같아.

누설하다 / 숨기다 11

비밀이 밝혀지는 것을 허락하다(**let**)의 뜻으로, (비밀 등을) 누설하다라는 의미가 됩니다. 반대로 숨긴다는 것은 **cover**를 사용하여 표현합니다.

let on

누설하다

Don't let on that we're having a surprise party for Evan.
에반에게 깜짝 파티를 할 거라는 걸 누설하지 마.

cover up

완전히 가리다

▶ 완전히(up) 덮어서(cover) 가린다는 의미에서 비밀이 새어나가지 않도록 숨기는 것까지 뜻합니다.

Some things are too difficult to cover up…like losing your job.
어떤 일들은 숨기기 힘들지… 네가 실직했다는 것이라든지.

회화에서는 이렇게

A Hi Brad. What are you doing here?
B I'm buying a Christmas present for Kim.
A Diamond earrings? How lovely!
B Yeah, but it's a secret. Don't let on that you saw me here.

안녕 브래드. 여기에서 뭐 하니?
킴의 크리스마스 선물을 사고 있어.
다이아몬드 귀걸이? 참 예쁘구나!
응, 하지만 비밀이야. 여기에서 날 봤다고 말하지 마.

UNIT **02** 의사소통

거짓말하다 12

거짓말하는 대상을 나타낼 때는 전치사 **to**, 내용을 나타낼 때는 전치사 **about**을 써서 표현합니다.

★ **lie to**

~에게 거짓말하다

She lied to me about being busy.
She actually went to a club.
그는 내게 바쁘다고 거짓말했어. 사실 클럽에 갔는데.

lie about

~에 대해 거짓말하다

I'm sorry I lied about my appointment. Do you forgive me?
내 약속에 대해 거짓말해서 미안해. 날 용서해 줄래?

회화에서는 이렇게

A I feel really bad. I lied to my teacher.

B Really? What did you lie about?

A I told the teacher that I was sick. Then I went to the mall.

B What a great idea!

정말 나빠. 선생님께 거짓말했어.

정말? 뭐에 대해 거짓말했는데?

선생님께 아프다고 했어. 그리고 나서 난 쇼핑몰에 갔지.

멋진 생각이었군!

CHAPTER 3 커뮤니케이션

UNIT 03

연락

- 01 전화 걸다
- 02 연결되다
- 03 바꿔 주다
- 04 전화를 끊지 않고 기다리다
- 05 전화를 끊다
- 06 다시 걸다
- 07 편지를 교환하다
- 08 답장하다
- 09 접촉하다

전화 걸다 01

전화를 걸 때 수화기를 들고 번호를 누른다는 점에서 전화와 관련된 동사에 up을 붙여 **전화 걸다**라는 의미로 사용합니다.

call up

~에게 전화를 걸다

▶ 전화 거는 동작을 강조한 표현입니다.

I don't feel like cooking. Call up and order a pizza.
난 요리하고 싶지 않아. 전화해서 피자를 주문하자.

ring up

~에 전화를 걸다

You can't ring up Ranelle. She's on vacation in Hawaii.
라넬한테 전화를 걸 수 없을 거야. 그녀는 하와이로 휴가 갔어.

phone up

~에게 전화를 걸다

Did you phone up your dad to say Happy Father's Day?
〈아버지의 날〉에 아빠에게 전화했니?

회화에서는 이렇게

A My tooth hurts.

B Then call up the dentist and make an appointment.

A Can you ring them up for me? I don't know the number.

B Alright. What day do you want to go?

이가 시려.

그럼 치과에 전화해서 예약해야지.

대신 전화 좀 해 줄래? 번호를 모르겠어.

좋아. 언제 가려고 하는데?

연결되다 02

동사 get과 connect를 이용하여 전화가 연결된다는 표현을 만들어 봅시다.

get through (to)

(~와) 연결되다

▶ 전화선을 통해(through) 상대편에 도달하다(get)라는 의미로 연락이 닿는다는 뜻이 됩니다.

I can't get through to Viola. Her line is busy.
비올라와 연락이 안 되는데. 통화 중이야.

connect to

~와 연결하다

▶ connect는 전화뿐 아니라 인터넷, 방송 등 연결한다는 의미로 가장 흔히 쓰이는 동사로, to 뒤에 연결되는 대상이 나옵니다.

You can connect to me by e-mail.
이메일로 나랑 연락할 수 있어.

회화에서는 이렇게

A I can't get through to the bank.
B Call again.
A I called several times. There's no answer.
B Maybe it's a holiday at the bank. Or they're being robbed.

은행에 전화가 안 되는데.
다시 전화해 봐.
여러 번 전화했어. 받질 않아.
은행이 쉬는 날인가 보지. 아니면 강도가 들었거나.

UNIT 03 연락

바꿔 주다 03

동사 **put**을 이용하여 **전화를 바꿔 주다**라는 표현을 만들어 봅시다.

put on

(전화를) ~에게 바꿔 주다

▶ put + 전화를 받을 사람 + on + (the phone)의 형태로 사용합니다.

Put Gregory **on** the phone. I want to say hello.
그레고리를 바꿔 주세요. 인사하고 싶어서요.

put through

(전화로) 연결해 주다

▶ put + 전화를 건 사람 + through + (to + 받을 사람)의 형태로, ~를 ~에게 바꿔 주다라는 의미가 됩니다.

You don't know the number? I'm sure the operator can **put** you **through**.
번호를 모르세요? 교환원이 당신 전화를 연결해 줄 겁니다.

회화에서는 이렇게

A Hello, this is Vera Wells.
여보세요, 베라 웰스입니다.

B Hi Vera. What can I do for you?
안녕하세요 베라. 뭘 도와드릴까요?

A Can you **put** me **through** to Mr. Robinson's office?
로빈슨 씨 사무실 좀 연결해 주시겠어요?

B Sure, but first I'll have to **put** you **on** hold. Is that okay?
네, 하지만 끊지 말고 기다리세요. 아시겠죠?

전화를 끊지 않고 기다리다 04

전화 통화 중에 누구를 바꿔 준다거나 잠시 다른 용무로 인해 자리를 비워야 할 때, 상대방에게 전화를 끊지 말고 기다리라고 하는 표현입니다.

hold on

끊지 않고 기다리다

▶ 전화기를 계속 붙잡은 채(hold on) 있으라는 뜻으로, 끊지 말고 기다리라는 의미가 됩니다.

Hold on, okay? I have to turn off the oven.
끊지 마, 알았지? 오븐을 꺼야 해서.

hang on

끊지 않고 기다리다

▶ hang on의 **기다리다**라는 뜻에서, 통화 도중 대화를 잠깐 멈추고 기다리라는 의미로 쓰입니다.

Please hang on! I'll come back soon.
끊지 말고 기다리세요! 금방 돌아올게요.

+plus idioms

hold the line 끊지 않고 기다리다

▶ 전화(line)를 유지한 채 기다리라는 의미입니다.

Hello, this is General Hospital. Can you hold the line please?
여보세요, 제너럴 병원입니다. 잠시 기다려 주시겠어요?

회화에서는 이렇게

A Hello. I have a question about my credit card.
여보세요. 제 신용카드에 대해 물어볼 게 있어서요.

B What is your credit card number?
신용카드 번호가 어떻게 됩니까?

A Hold on, please. I have to get my wallet.
잠시만요. 지갑을 가져와야 해서요.

B Okay, I'll wait.
네, 기다리겠습니다.

전화를 끊다 05

전화를 끊을 때 수화기를 전화기 위에(up) 올려놓는다는 의미에서 **hang up**을 쓸 수 있습니다.

hang up

전화를 끊다

If another salesperson calls, just hang up.
판매원이 또 전화하면, 바로 끊으세요.

ring off

전화를 끊다

▶ 통화 연결을 끊다(off)라는 뜻으로 **전화 걸다**의 ring up과 반대로 쓰입니다. 이것은 영국식 영어 표현인데, 미국에서는 get off를 씁니다.

I have to ring off now. We're having dinner.
지금 전화를 끊어야겠어. 저녁 먹으러 갈 거거든.

회화에서는 이렇게

A Donny! Please ring off and go to bed!
B Can I talk for 5 more minutes?
A You can talk for 1 more minute. Then you have to hang up.
B Yes Mom.

도니! 전화 끊고 자러 가렴!
5분 더 통화해도 되요?
1분만 해. 그리고 나서 끊어야 한다.
네 엄마.

다시 걸다 06

전화를 다시 한다는 의미로 **back**을 써서 표현합니다.

★ **call back**

다시 전화를 하다
▶ 전화를 다시 걸거나 전화를 받은 쪽에서 답신 전화를 한다는 의미입니다.

What is a good time to call you back?
언제 다시 전화하면 좋니?

★ **get back to**

~에게 다시 연락하다
▶ 특히 회답을 하기 위해 다시 연락할 때 쓰입니다.

You're busy? Alright, get back to me when you're free.
바쁘니? 알았어, 네가 한가할 때 다시 연락해.

회화에서는 이렇게

A I can't talk to you now Peter. My dad needs the telephone.
B No problem. Call me back tonight.
A Okay, I'll get back to you later. Have a great day!
B You too!

피터 지금은 얘기할 수 없어. 아빠가 전화를 쓰셔야 한대.

괜찮아. 오늘 밤에 다시 전화해.

좋아, 나중에 다시 전화할게. 좋은 날 되렴!

너도!

편지를 교환하다 07

요즘에는 손편지를 주고받는 일이 별로 없지만, 이메일 및 다양한 연락 방법에 대해 사용할 수 있는 표현입니다.

correspond with

편지를 주고받다

▶ correspond에는 서신 교환의 의미가 있습니다. 대상을 표현할 때는 with를 씁니다.

How do you correspond with them? Email? Letters?
그들과 어떻게 연락하니? 이메일? 편지?

communicate with

~와 교신하다

▶ 편지뿐 아니라 다양한 방법으로 연락한다는 의미로 사용할 수 있습니다.

We communicate with each other via the internet. It's the cheapest, easiest way.
우리는 서로 인터넷을 통해 연락한다. 제일 싸고 제일 쉬운 방법이다.

회화에서는 이렇게

A Who is that girl in the picture?
사진 속 저 소녀는 누구니?

B That's Afia, from Kenya. I correspond with her every month.
케냐에서 온 아피아야. 매달 그랑 연락하거든.

A So you write letters to her? And exchange photos?
그래서 네가 그에게 편지를 쓴다고? 그리고 사진도 교환하고?

B Yeah, and I send her money and clothing.
응, 그리고 돈과 옷도 보내지.

답장하다 08

써서(write) 되돌려 준다는(back) 데서 편지나 이메일 등에 **답장하다**라는 의미가 됩니다.

write back

답장을 쓰다

Kakao is super convenient. You can read a message and write back immediately.
〈카카오〉는 정말 편리해. 메시지를 읽고 바로 답장을 쓸 수 있으니.

+plus idioms

respond to one's email
~의 메일에 답장하다

▶ respond 대신 reply를 쓸 수도 있습니다.

Does your daughter ever respond to her emails?
네 딸이 그녀의 메일에 답장하긴 하니?

회화에서는 이렇게

A I have to talk to Trent. Do you have his number?

B You're going to call him? Why don't you send him an email?

A Because he never responds to my emails.

B I know what you mean. I have friends who don't write back either.

트렌트에게 이야기할 게 있는데. 전화번호 아니?

전화하려고? 이메일을 보내는 건 어때?

그는 내 메일에 절대 답장을 안 하거든.

무슨 말인지 알겠어. 나도 답장을 하지 않는 친구가 있거든.

접촉하다 09

연락을 계속 유지하다라는 의미로 동사 **keep**을 사용합니다.

★ **keep in touch with**

~와 연락을 취하다

Do you still keep in touch with your friend Emily?
네 친구 에밀리와 아직도 연락하고 있니?

keep in contact with

~와 연락을 유지하다

I kept in contact with Peggy until 2011. Then I just stopped.
2011년까지는 페기와 연락을 계속 했었지. 그 다음에 그만뒀지만.

회화에서는 이렇게

A How was your camping trip?
B It was a lot of fun. I met a really cool boy from Daejeon.
A Are you going to keep in touch with him?
B Yeah, I got his email address.

캠핑은 어땠니?
아주 재미있었어. 대전에서 온 정말 멋진 소년을 만났거든.
그와 연락하려고?
응, 이메일 주소를 받았어.

CHAPTER 3 커뮤니케이션

UNIT 04

데이트&관계

- **01** 데이트 신청하다
- **02** 꼬시다
- **03** 사귀다
- **04** 어울려 지내다
- **05** 끌고 다니다
- **06** 바람맞히다
- **07** 좋아하다
- **08** 헤어지다
- **09** 바람피우다
- **10** 배신하다
- **11** 존경하다
- **12** 경멸하다

데이트 신청하다 01

데이트는 밖으로 나가서 하므로 out을 붙여 표현합니다.

★ ask out

데이트를 신청하다

▶ ~에게 밖으로(out) 나가자고 청하는(ask) 의미에서 데이트 신청을 뜻합니다.

He's a great guy. You should ask him out.
그는 멋진 남자야. 데이트를 청하렴.

go out with

~와 데이트를 하다

▶ ~와 함께(with) 외출하다(go out)라는 의미로, 데이트를 한다는 표현이 됩니다.

Are you going out with anyone right now?
지금 바로 데이트를 하러 나가려고?

회화에서는 이렇게

A I'm going to ask out Lucy Douglas.
B She's a nice girl. Good luck.
A Do you think she'll go out with me?
B Maybe. You both have the same hobbies.

루시 더글라스에게 데이트를 신청할 거야.
멋진 여자지. 행운을 빌어.
나랑 데이트 할 거라고 생각해?
아마도. 너희 둘 취미가 같잖아.

꼬시다 02

단순히 만난다는 의미보다 성적인 의도를 갖고 접근한다는 뜻을 내포한 표현들입니다.

★ hit on

수작을 걸다

▶ 특히 성적인 의미를 담아 수작을 거는 것을 표현하는 일종의 속어입니다.

You look amazing! You're going to be hit on by every guy in the bar.
너 멋진데! 바에 있는 모든 남자들이 널 꼬시려고 할 거야.

hook up with

~와 만나서 시간을 보내다

▶ 사귀는 관계가 아닌 사이에서 만나거나 성적인 관계를 가졌을 때 씁니다.

Did you hook up with anyone last night?
어젯밤에 누군가 만난 거야?

come on to

~에게 추파를 던지다

▶ 성적인 의도를 가지고 관심을 끄려고 시도하는 행동을 의미합니다.

I think that Donna just came on to me. Unbelievable!
도나는 그냥 나를 꼬시려고 했던 것 같아. 믿을 수 없어!

회화에서는 이렇게

A We're going to a night club on Friday.
B Not me. I hate guys always coming on to me.
A Come on! I really want you to go.
B Alright, but if one guy hits on me, I'm leaving.

우린 금요일에 나이트 클럽에 갈 거야.
난 안 갈래. 남자들이 추파를 던지는 것이 싫어.
가자! 네가 가면 정말 좋겠어.
좋아, 하지만 한 명이라도 나한테 수작을 건다면, 떠날 거야.

사귀다 03

사귀는 상대가 있어야 하므로 전치사 **with**를 사용합니다.

★ hang out with

~와 시간을 보내다

▶ hang out은 ~와 어울려 시간을 보낸다는 의미입니다.

I'm not doing anything special, just hanging out with friends.
그다지 특별한 일을 하는 건 아니고, 친구들과 어울리는 것뿐이야.

socialize with

~와 사귀다

▶ 사람들과 사회적인 관계를 맺고 어울리는 것을 뜻합니다.

She doesn't like to socialize with her co-workers.
그녀는 동료들과 어울리기를 좋아하지 않는다.

회화에서는 이렇게

A What's your plan for today?
B I'm going to hang out with Greg and Harold.
A What about your friend Jason?
B No, he socializes with different people now.

오늘 계획이 뭐야?
그렉과 해롤드와 시간을 보낼 거야.
네 친구 제이슨은?
아니, 그는 지금 다른 사람들이랑 어울려 다니거든.

어울려 지내다 04

동사 **get**을 이용한 ~와 잘 지낸다라는 표현입니다.

★ get along

~와 잘 지내다

▶ 사람을 따라가서(along) 어울린다는 의미로, **사이좋게 지내다**라는 뜻을 나타냅니다.

You and your classmates don't get along very well, do you?
넌 반 친구들이랑 사이좋게 지내지 않는구나, 그렇지?

get on with

~와 잘 지내다

▶ ~와 함께 사이좋게 잘 지낸다는 표현입니다.

Are you getting on with your manager alright?
넌 팀장이랑 잘 지내고 있니?

회화에서는 이렇게

A I have to write an essay for English class.
B What's the subject?
A The subject is, "How to be a Good Friend."
B That should be easy. You get along with everyone.

영어 수업 때문에 에세이를 써야 해.
주제가 뭐야?
주제는 "좋은 친구가 되는 방법"이야.
그거 쉽겠는데. 넌 모두랑 사이좋게 지내잖아.

끌고 다니다 05

끌다라는 의미를 가진 동사와 **주위**를 의미하는 전치사 **around**을 결합하여 표현합니다.

drag around

끌고 다니다

Do you think I like being dragged around all day? Think again.
내가 종일 여기저기 끌려 다니는 것을 좋아한다고 생각하니? 다시 생각해 봐.

pull around

끌고 다니다

That woman's pulling her child around like a doll.
저 여자는 아이를 인형인 양 끌고 다니고 있어.

회화에서는 이렇게

A No, I don't like that restaurant. Let's find another one.
B Another one? You said that 5 times so far.
A I just want to find the perfect restaurant.
B Well, I don't want to be dragged around anymore. Let's just eat.

아니, 저 식당은 싫어. 다른 데를 찾아보자.
다른 데라고? 너 그 말 지금 다섯 번째라고.
그저 완벽한 식당을 찾고 싶은 것뿐이야.
음, 더 이상 끌려 다니고 싶지 않아. 그냥 먹자.

바람맞히다

바람이 불다라는 동사 **blow**를 사용한 표현은 우리말과 비슷하여 쉽게 연상됩니다. 그 외에도 유사하게 쓸 수 있는 표현이 있습니다.

stand up

~를 바람맞히다

▶ 특히 연인 사이에서 상대방을 약속 장소에 세워둔 채 (stand up) 나타나지 않음을 나타냅니다.

It's really terrible to stand someone up.
누군가를 바람맞히는 것은 정말 끔찍한 일이다.

blow off

~를 바람맞히다

▶ ~와의 약속을 날려 버린다는(blow off) 것을 뜻합니다.

She blew me off for another guy. Bad!
다른 남자 때문에 나를 바람맞히다니. 나빴어!

bail on

약속을 어기다

Hey man, you promised to go camping! Don't bail on us.
이봐, 너 캠핑 간다고 약속했지! 약속 어기면 안 돼.

회화에서는 이렇게

A How was your date yesterday?
B I didn't have a date. Martha stood me up.
A What? Martha? That doesn't seem like her.
B No, it's true. She blew off our date to play tennis.

어제 데이트는 어땠니?
데이트 못했어요. 마사가 절 바람맞혔거든요.
뭐라고? 마사가? 그런 애 아닌 것 같은데.
아니, 사실이에요. 테니스 쳐야 한다면서 데이트 약속을 어겼어요.

좋아하다 07

빠지다라는 의미의 동사 fall이 사랑과 관련된 표현이 되면 사랑에 빠진다는 의미가 됩니다.

fall in love with

~에게 반하다

▶ ~와 사랑에(love) 빠지다(fall)라는 의미입니다.

When did you fall in love with your wife?
아내와 언제 사랑에 빠졌니?

★ fall for

~에게 홀딱 반하다

▶ 뒤에 사람이 오면 **홀딱 빠지다**, 뒤에 사물이 오면 **속아 넘어가다**라는 의미가 됩니다.

She was the prettiest girl in the room. I fell for her right away.
그녀는 그 방에서 제일 예뻐. 그녀에게 바로 홀딱 반했지.

회화에서는 이렇게

A When will you get married, Uncle Jay?

B Hmm...I'll get married after I fall in love with someone.

A Do you think I'll ever get married?

B Sure. Someday you'll fall for a boy and he'll fall for you.

언제 결혼하실 건가요, 제이 삼촌?

흠… 누군가와 사랑에 빠져야 결혼하겠지.

전 결혼하긴 할까요?

물론. 언젠가 너도 한 소년에게 반하고 그 애도 네게 반하게 될 거야.

헤어지다 08

break나 split을 써서 관계가 끊어짐, 즉 헤어진다는 표현을 나타냅니다.

★ **break up**

헤어지다

> It hurts to break up with someone that you love.
> 네가 사랑하는 누군가와 헤어지다니 가슴 아프구나.

split up

헤어지다

> We weren't right for each other, so we split up.
> 우리는 서로 맞지 않아서, 헤어졌다.

part with

~와 헤어지다

▶ part가 동사로 쓰이면 **헤어지다**라는 의미가 되며, from과 함께 쓰이기도 합니다.

> I could never part with Angela. She's the love of my life.
> 난 결코 안젤라와 헤어질 수 없어. 그는 내 평생의 사랑이야.

회화에서는 이렇게

A Daniel, I think we should split up.
B What? Why? I don't want to break up with you.
A But you're moving away to go to university.
B I'm only moving for 1 year. After that, I'll come back.

다니엘, 우리는 헤어져야겠어.
뭐? 왜? 나는 너와 헤어지고 싶지 않아.
그렇지만 넌 대학 가려고 이사할 거잖아.
1년 동안만이야. 그 다음에, 돌아올게.

UNIT 04 데이트&관계

바람피우다

속이다라는 뜻을 가진 표현인데, 연인 사이에는 바람피우는 것을 의미합니다.

★ **cheat on** 바람피우다

> Just be honest. Did you cheat on me?
> 그냥 솔직히 말해. 너 바람피웠지?

+plus idioms

have an affair with 바람피우다

▶ affair에는 성적인 뜻을 담은 **관계**라는 의미가 있습니다.

I had an affair with another woman. I'm not proud of it.
나 다른 여자와 바람피웠어. 자랑할 건 아니지.

회화에서는 이렇게

A Honey, I have to tell you something. I cheated on you.
여보, 할 말이 있어. 나 바람피웠어.

B You cheated on me with another woman? When?
다른 여자와 바람피웠다고? 언제?

A Last year on a business trip.
작년에 출장 갔을 때.

B I don't believe this. Why would you do that?
믿을 수 없어. 왜 그런 짓을 한 거야?

배신하다 10

~에게 반대하여(against) 등을 돌린다는(turn) 의미로 배신을 뜻합니다.

turn against

~에게서 등을 돌리다

They turned against each other because of money.
그들은 돈 때문에 서로에게서 등을 돌렸다.

+plus idioms

betray 배신하다

break faith with ~와의 신의를 저버리다

▶ ~와의 믿음(faith)을 깨다(break), 즉 배신을 나타냅니다.

How can he break faith with his family? They've always supported him.
어떻게 가족을 배신할 수 있지? 언제나 그를 지지했는데.

회화에서는 이렇게

A Dad, do you have any relationship advice?
B Yes I do. Never turn against the people that you love.
A Good advice. Why do you think people betray each other?
B Lots of reasons: jealousy, money, greed....

아빠, 관계에 대한 충고 좀 해 주실래요?
그래. 네가 사랑하는 사람들을 절대 배신하면 안 돼.
좋은 충고네요. 사람들은 왜 서로를 배신하는 걸까요?
이유는 여러 가지. 질투, 돈, 탐욕….

존경하다 11

고개를 들어(up) 누군가를 바라본다는(look) 의미에서 존경을 나타냅니다.

look up to

~를 우러러보다

Children need someone to look up to.
어린이들은 존경할 누군가가 있어야 한다.

> **+plus idioms**
>
> ### hold ~ in respect ~를 존경하다
>
> ▶ 동사 respect로 간단하게 말할 수 있지만, 명사 respect를 사용하여 hold+사람+in respect의 형태로도 표현할 수 있습니다.
>
> I hold my father in respect and want be a good father like him.
> 나는 아빠를 존경하고 우리 아빠 같은 좋은 아빠가 되고 싶다.

회화에서는 이렇게

A Who do you look up to?

B Doctors and scientists.

A Hmm…I really respect doctors too. They work so hard to help people.

B Don't forget scientists. They try to improve the world.

누구를 존경하니?

의사와 과학자요.

흠… 나도 의사를 정말 존경해. 사람들을 돕기 위해 열심히 일하지.

과학자도 생각해 주세요. 세상을 개선하기 위해 노력하잖아요.

경멸하다 12

아래(down)를 내려다본다는(look) 의미에서 경멸을 나타냅니다.

look down on
~를 경시하다

Yolanda looks down on people who smoke, but I don't agree with her.
요란다는 담배 피우는 사람들을 경멸해. 하지만 난 동의하지 않아.

+plus idioms

hold ~ in contempt ~를 경멸하다

▶ **경멸**의 뜻을 가진 contempt를 사용하여 표현합니다.

Why do you hold him in contempt so much? What did he do?
왜 그를 그렇게 경멸하는 건가요? 무슨 짓을 했는데요?

회화에서는 이렇게

A I despise liars and cheaters.
B In elementary school, I cheated on a math test.
A Well, kids do a lot of foolish things. Did the teacher catch you?
B Yeah, she did. I think she looked down on me for cheating.

거짓말쟁이들과 사기꾼들을 경멸해.
초등학교 때, 수학 시험 시간에 커닝한 적 있어.
글쎄, 아이들은 바보 같은 짓을 많이 하니까. 선생님한테 걸린 거야?
응, 그랬지. 커닝한 것 때문에 날 경멸하셨겠지.

CHAPTER 3 커뮤니케이션

UNIT 05

결혼&육아

01 청혼하다
02 결혼하다
03 축하하다/칭찬하다
04 아이를 키우다
05 성장하다
06 돌보다
07 의존하다
08 야단치다

청혼하다 01

propose는 제안하다라는 뜻도 있지만, 청혼하다라는 의미로 자주 쓰입니다.

propose to

~에게 청혼하다

You've been dating Kathy forever. Are you ever going to propose to her?
넌 캐시랑 계속 데이트하고 있구나. 그녀에게 청혼이라도 할 거니?

+plus idioms

ask for one's hand (in marriage)
청혼하다

▶ 결혼하기 원하는 상대방의 손을 청한다는 의미입니다.

He asked for her hand in marriage.
그는 그녀에게 청혼했다.

offer one's hand (in marriage)
청혼하다

▶ 청혼하는 사람이 자신의 손을 내민다는 뜻입니다.

Jack offered his hand in marriage to her.
잭은 그녀에게 청혼했다.

회화 에서는 이렇게

A Mom...Dad...I have some big news to tell you.
B Did you get a new job?
A No, I proposed to Gina.
B You asked for her hand? That's great news, son!

엄마… 아빠… 엄청난 소식을 말씀드릴 게 있어요.

새 직장을 구했니?

아니요, 지나에게 청혼했어요.

그녀에게 청혼했다고? 굉장한 소식이구나, 아들아!

결혼하다 02

결혼하다라는 뜻의 동사 **marry**를 수동태로 사용하면 결혼한 상태를 표현합니다. 우리말처럼 표현하려고 ~와에 해당하는 **with**를 쓰지 않는 것에 주의합니다.

be married to ~와 결혼하다

Hey, aren't you married to Lori Mosher?
어이, 로리 모셔와 결혼하는 거 아니니?

get married 결혼하다

▶ 미혼에서 기혼이 되는 상태 변화에 초점을 맞춘 표현입니다.

I don't want to get married. I like being single.
난 결혼하고 싶지 않아. 난 혼자가 좋아.

marry (~와) 결혼하다

▶ marry는 대상을 목적어로 가지는 타동사이므로, 전치사 없이 marry + 사람의 형태로 **결혼하다**라는 뜻을 표현합니다.

I'll marry her after I finish school and get a good job.
난 학업을 마치고 일자리를 구한 뒤에 그녀와 결혼할 것이다.

회화에서는 이렇게

A Are you married to Megan? Surprising!

B I got married to Megan last year. I'll never forget that day.

A What kind of wedding did you have?

B It was very simple, just a few friends and family members.

너 메건이랑 결혼한 거야? 놀라운데!

작년에 메건이랑 결혼했어. 그 날을 결코 잊을 수 없을 거야.

어떤 결혼식이었는데?

그냥 친구 몇 명과 가족들만 초대한 단출한 결혼식이었어.

축하하다 / 칭찬하다 03

축하나 칭찬의 이유에는 전치사 **on**을 사용합니다. 여기에서 on은 ~에 대하여라는 의미가 됩니다.

★ **congratulate on**

~을 축하하다

Let me congratulate you on this special day.
이 특별한 날을 축하해.

compliment on

~에 대해 칭찬하다

She's sweet. She always compliments me on my hair.
그는 다정해. 항상 내 머리 스타일에 대해 칭찬해 주거든.

회화 에서는 이렇게

A Jamie, I want to congratulate you on your wedding day.
제이미, 결혼 축하해.

B Thanks Rick! I'm glad you came.
고마워 릭! 네가 와 줘서 기뻐.

A And I want to compliment you on your dress too. Beautiful!
그리고 네 드레스도 칭찬하고 싶은데. 아름다워!

B That's sweet. Thank you.
친절하기도 해라. 고마워.

아이를 키우다 04

bring up에는 다양한 의미가 있지만, 목적어가 아이인 경우 거의 **양육하다**라는 의미가 됩니다.

★ bring up

양육하다

▶ 단순히 기른다는 의미가 아니라 돌봄과 교육한다는 뜻까지 포함되어 있기 때문에 동식물에는 쓰지 않습니다.

You 5 children by your-self? How did you do it?
넌 혼자 아이 다섯을 키웠지? 어떻게 했니?

+plus idioms

raise (아이나 어린 동물을) 키우다

▶ 아이 양육뿐 아니라 동물을 기르거나 식물을 재배한다는 의미로 사용됩니다.

It costs a lot to raise a child in today's world.
요즘 세상에는 아이 하나 키우는 데 돈이 많이 든다.

회화에서는 이렇게

A I'm reading a new book. It's about how to raise children.

새로운 책을 읽고 있어. 아이 양육법에 관한 책이야.

B What did you learn?

뭘 배웠니?

A I learned that bringing up children takes love and patience.

아이를 양육하는 데는 사랑과 인내가 필요하다는 걸 배웠어.

B True. I need a lot of patience to bring up my kids.

맞아. 내 아이 키우는 데도 많은 인내심이 필요하지.

성장하다 05

자라는 것을 나타내기 위해 전치사 **up**을 씁니다.

grow up

성장하다

▶ 자라서(grow) 키가 커지는(up) 것에서 성장을 의미합니다.

I don't want to grow up. I want to be young forever.
난 어른이 되고 싶지 않아. 언제나 어린 채 있고 싶어.

shoot up

급속히 자라다

▶ 총알의 속도만큼 훌쩍 자라나는 모습을 표현합니다.

You're short now but don't worry. You'll shoot up in a few years.
네가 지금은 키가 작지만 걱정하지 마라. 몇 년 안에 훌쩍 클 거야.

회화에서는 이렇게

A This is a picture of my daughter Hannah.
우리 딸 한나의 사진이야.

B Yeah, I remember Hannah. Wow, she's growing up so fast!
응, 기억 나. 와우, 엄청 빨리 자라는구나!

A Yes, she's shooting right up. She's 15 now.
맞아, 쑥쑥 자라고 있어. 지금 15살이야.

B Children grow up too fast, don't they?
아이들은 너무 빨리 성장하지, 그렇지?

UNIT **05** 결혼&육아

돌보다 06

누구를 보살펴준다는 의미로 사용할 수 있는 여러 가지 표현이 있습니다.

★ look after

~를 돌보다

▶ 뒤를 따라다니며(after) 지켜본다(look)는 의미에서 **돌보다**라는 뜻이 됩니다.

I enjoy looking after people. Maybe I'll be a nurse.
난 사람들을 돌보는 게 좋아. 간호사가 될지도 몰라.

care for

~를 돌보다

▶ ~를 위해(for) 돌봄(care)을 의미합니다.

We're a pretty close family. We care for each other a lot.
우리는 매우 가까운 가족이야. 서로를 많이 보살피지.

+plus idioms

take care of ~를 돌보다

▶ 주의를 기울이고 돌보는 것을 의미합니다.

Will you take care of me when I'm old and grey?
내가 늙고 희끗희끗해지면 날 돌봐주겠니?

회화에서는 이렇게

A Hello, Mr. Jackman? I'm sorry but I can't work today.
안녕하세요, 잭맨 씨? 오늘 출근할 수 없어서 죄송합니다.

B Is your son still sick?
아드님이 아직 아픈가요?

A Yes, he still has a fever. I should look after him.
네, 아직 열이 있어요. 아이를 돌봐야 해서요.

B That's fine. You stay home and take care of your son.
괜찮습니다. 집에서 아드님을 돌보세요.

의존하다 07

의존, 의지, 신뢰의 의미를 가진 숙어들입니다.

depend on

~에 의존하다

▶ depend on에는 의존 의미에서 확장되어 **~에 달려 있다**라는 결정한다는 뜻도 있습니다.

April's very trustworthy. You can depend on her.
에이프릴은 매우 믿을만한 사람이야. 그녀에게 의지해도 돼.

rely on

~에 의지하다

If I need a drive to school, I can usually rely on my friend Stanley.
학교까지 운전할 필요가 있을 때면, 대부분 친구 스탠리에게 의존할 수 있어.

turn to

~에 의지하다

I can't tell my friends or my family. I don't know who to turn to.
친구나 가족에게도 말할 수가 없어. 누구를 의지해야 할지 모르겠어.

회화에서는 이렇게

A Who can you depend on if you have a problem?
문제가 생기면 누구에게 의존할 수 있니?

B I can depend on my family. I trust them.
가족에게 의지할 수 있어. 그들을 믿으니까.

A You're very lucky. Actually...I have a problem of my own.
매우 운이 좋구나. 사실… 나한테 문제가 생겼거든

B You do? Do you have anyone to turn to?
네가? 의지할 만한 사람은 있어?

UNIT 05 결혼&육아

야단치다 08

야단치는 것은 말로 하는 것이라서 **말하다**라는 의미를 가진 동사 **tell**과 **talk**을 이용하여 표현합니다.

★ tell off

~에게 야단치다

▶ 뭔가 정도에서 벗어난(off) 일을 말하는(tell) 것에서 꾸중이나 호통을 표현합니다.

Did you see that? She just told off her boss!

저것 봤니? 그녀가 방금 상사에게 호통을 쳤다니까!

talk down to

~를 깔보는 투로 말하다

▶ 낮춰 보는(down) 말투로 이야기하는(talk) 것에서 깔보며 함부로 말하는 것을 의미합니다.

He always talks down to his students. That's why they don't respect him.

그는 항상 학생들에게 깔보는 투로 말한다. 그래서 그들이 그를 존경하지 않는다.

회화에서는 이렇게

A What's wrong? Where are you going?

B To Mobile Cellular. Did you see this bill? $544!

A Okay, calm down. They probably just made a mistake.

B I know they did! And now I'm going to tell them off!

무슨 일이니? 어디 가는 거야?

모바일 셀룰러사에. 이 고지서 봤니? 544달러나 나왔다고!

알았어, 진정해. 아마 무슨 착오가 있었겠지.

그들이 그런 거라고! 그러니 지금 혼내주러 가야겠어!

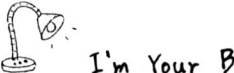 I'm Your Book

PHRASE VERBS

CHAPTER
4

회사

UNIT 01 회사 생활
UNIT 02 회의
UNIT 03 비즈니스

CHAPTER 4 회사

UNIT 01

회사 생활

01 일하다
02 출근하다
03 퇴근하다
04 휴가 내다
05 파업하다
06 지원하다
07 고용하다/해고하다
08 승진하다/이직하다
09 퇴직하다
10 출장 가다
11 부재중이다

일하다 01

일하다라는 동사 **work**에 다양한 전치사를 붙여 일하는 장소나 분야를 표현합니다.

★ work for

~에서 일하다

▶ ~에서 일하다에 가장 많이 쓰이는 표현으로, 소속을 나타내며 회사 이름이나 회사에 대한 설명과 함께 씁니다.

I work for a company that makes kitchen supplies.
나는 주방용품을 만드는 회사에서 일한다.

work at

~에서 일하다

▶ 일하는 장소를 의미하는 데, 회사 이름과 함께 쓰기도 합니다.

You've worked at the same place for 35 years? That's amazing.
같은 곳에서 35년 동안 일했다고요? 굉장한데요.

work in

~에서 일하다

▶ 주로 일하는 분야를 표현하며, 직장이 있는 지역을 뜻하기도 합니다.

I hope to work in marketing after I graduate from college.
대학을 졸업한 후 마케팅 분야에서 일하고 싶어요.

회화에서는 이렇게

A Hi Charlton, good to meet you. So, do you work near here?
안녕 찰튼, 만나서 반가워. 그런데, 근처에서 일하니?

B Yes, I work at Oracle Electronics. It's on Riverdale Drive.
응, 〈오라클 전자〉에서 일해. 리버데일 드라이브에 있어.

A Oh okay, I know Oracle. I used to work for Saturn Digital.
오, 그렇구나. 오라클 알아. 난 〈새턴 디지털〉에서 근무했었어.

B Sure, that's very close to Oracle.
그래, 오라클에서 매우 가깝지.

출근하다 02

work 앞에 가는 동작과 관련된 동사 go, get, come을 쓰면 **일하러 가다**라는, 즉 출근하다라는 의미가 됩니다.

go to work

출근하다

▶ 일하기 위해(to work) 가다(go)라는 뜻으로, 출근한다는 의미입니다.

I go to work every morning at 8.
매일 아침 8시에 출근한다.

get to work

출근하다

▶ 정해진 시간에 도착한다는 의미가 좀 더 강조된 표현입니다.

You live pretty far away. Is it easy to get to work from there?
넌 꽤 멀리 살잖아. 거기에서 출근하기는 편하니?

come to work

출근하다

▶ 직장을 기준으로 **일하러 오다**라는 의미입니다.

Can you come to work on Friday? We need an extra worker.
금요일에 출근할 수 있니? 추가로 일할 사람이 필요해서.

회화에서는 이렇게

A So your wife is using the car?
B Yeah, she needs the car on Mondays and Wednesdays.
A How did you get to work today?
B I came to work on the subway.

그래서 아내가 차를 쓰는 거야?
응, 매주 월요일이랑 수요일에 차가 필요하대.
오늘은 어떻게 출근했어?
지하철로 출근했어.

퇴근하다 03

벗어난다거나 나간다는 의미의 **off**와 **out**을 이용하여 **퇴근하다**라는 표현을 만들 수 있습니다.

get off work

퇴근하다

▶ 일터(work)에서 벗어나다(get off)라는 의미로 퇴근한다는 가장 일반적인 표현입니다.

I can meet you for dinner tomorrow. When do you get off work?
내일 저녁 식사 때 당신을 만날 수 있어요. 언제 퇴근하세요?

get out of the office

사무실을 나서다

▶ 사무실을 나서는 행동에 초점을 맞춘 표현입니다.

We don't get out of the office until 9. We're working late tonight.
우리는 9시 전에 사무실을 나서지 않아. 오늘 밤 늦게까지 일할 거든.

go[leave] for the day 퇴근하다

▶ 일을 끝내고 남은 시간을 위해 회사를 나선다는 의미로 퇴근한다는 뜻이 됩니다.

call it a day 하루 일을 마치다

▶ 일이 있더라도 이만 마치자는 의미로 자주 씁니다.

회화에서는 이렇게

A The refrigerator's almost empty.
냉장고가 거의 비었어.

B We can go to the supermarket later tonight.
오늘 밤에 슈퍼마켓에 가자.

A Sounds good. What time do you get off work?
좋아. 몇 시에 퇴근하니?

B Seven. I'll try to get out of the office earlier though.
7시에. 좀 더 일찍 사무실을 나서 보도록 할게.

휴가 내다 04

일정 시간이나 날짜를 목적어로 취하여 ~을 쉬다라는 의미를 표현합니다. 또한 off 만으로 휴가의 의미가 됩니다.

★ **take off** | 쉬다

Do you want to take a trip somewhere? I can take some time off work.
어디론가 여행가고 싶니? 얼마 동안 휴가를 낼 수 있는데.

have off | ~에는 쉬다

I have 2 days off next week. I'm not sure what I'll do.
다음 주에는 이틀 쉬는데, 뭘 할지는 모르겠어.

회화에서는 이렇게

A Whew! I'm exhausted.

B You're always exhausted. You work too hard.

A Maybe I'll take a day off tomorrow.

B Great! You can paint the kitchen.

휴우! 완전 지쳤어.

넌 항상 지치는구나. 일을 너무 열심히 하는 거야.

내일 하루 쉴지도 몰라.

잘됐다! 주방에 페인트칠 할 수 있겠네.

파업하다 05

명사 **strike**를 이용하여 **파업하다**라는 표현을 만들 수 있습니다.

go on strike

파업에 들어가다

▶ 파업(strike)의 상태에 들어간다는 의미로 **파업하다**라는 뜻이 됩니다.

If they don't get more money, the mail carriers will go on strike.
급여를 더 받지 못한다면, 우체부들은 파업에 들어갈 것이다.

strike 파업하다

I don't think nurses should strike. They're too important to the public.
간호사들은 파업하면 안 된다고 생각해. 사람들에게 너무 중요한 존재니까.

회화에서는 이렇게

A The passenger trains aren't operating today.

B That's strange. Why not?

A The workers went on strike. They want more benefits.

B I guess I understand, but it's so inconvenient.

여객용 열차는 오늘 운행하지 않는다네.

이상하네. 왜?

직원들이 파업 중이야. 수당을 더 요구하고 있어.

이해는 되지만, 너무 불편하잖아.

지원하다 06

apply에 전치사 for나 to를 쓰면 지원하거나 신청하다라는 표현이 됩니다.

★ **apply for**

~에 지원하다

▶ 일자리(job)나 직책, 학교, 대출 등과 함께 써서 지원이나 신청을 의미합니다.

I'm going to apply for that factory job. It's full-time.
저 공장 일자리에 지원하려고. 정규직이거든.

apply to

~에 지원하다

▶ 주로 장소나 사람과 함께 씁니다.

Did you apply to Spartan Fitness yet? They're looking for a salesperson.
스파르탄 피트니스에 아직 지원 안 했니? 영업사원을 구하고 있던데.

> **apply to** ~에 적용하다
> This rule doesn't apply to our family because we have no children.
> 우리는 아이가 없으니 이 규칙은 우리 가족에 적용되지 않아요.

회화에서는 이렇게

A I need a new job. Do you know if anyone's hiring?
새 일자리가 필요한데. 누가 고용하려는 사람 있을까?

B Yeah, you should apply for that job at Ace Accounting. The pay is good.
응, 〈에이스 회계〉에 지원해 봐. 급여도 좋아.

A I already applied to that company.
그 회사에는 벌써 지원했어.

B Oh, alright. Did you get an interview?
오, 그렇구나. 면접은 했니?

고용하다 / 해고하다 07

직원을 고용하거나 해고하는 것과 관련된 표현입니다.

take on

~를 고용하다

▶ 목적어에 사람을 쓰면 고용한다는 뜻이 됩니다.

The bar is really busy, so we're going to take on 2 new employees.
바가 정말 붐벼. 그래서 우리는 두 명을 더 고용하려고 해.

lay off

(일감이 부족하여) ~를 해고하다

▶ 회사에서 작업량 부족이나 자금 부족 등으로 인한 정리해고나 일시적 해고의 상황에 주로 쓰입니다.

Don't worry. If I get laid off, I can work for my uncle.
걱정하지 마. 나는 해고되어도 삼촌네 회사에서 일할 수 있거든.

dismiss from

~에서 해고하다

She was dismissed from her job for drinking? I don't believe it.
그녀가 음주 문제로 직장에서 해고됐다고? 믿을 수 없는데.

> (tip) **take on** 떠맡다, 책임을 지다
> → 받아들이다라는 의미에는 ~에 책임을 지고 떠맡다라는 뜻도 포함됩니다.

회화에서는 이렇게

A Our company got a new book contract.
B You're going to publish another book?
A Sure. It's a French grammar book.
B But we don't have anyone who majored in French. Do you plan to take on more staff?

우리 회사는 새로운 책을 계약했어요.
다른 책을 출판하게요?

네. 프랑스어 문법 책이에요.

하지만 프랑스어 전공자가 없잖아요. 직원을 더 고용하실 계획이세요?

승진하다 / 이직하다 08

이동을 나타내는 **move**를 이용해 직장 관련 승진이나 이직을 표현할 수 있습니다.

move up

승진하다
▶ 더 높은(up) 지위로 옮기는(move) 의미에서 **승진하다**라는 표현이 됩니다.

If I work hard, I can move up in the company.
열심히 일하면, 회사에서 승진할 수 있어.

move on

(새로운 일로) 옮기다
▶ 새로운 일이나 주제로 이동하는 **이직**을 의미합니다.

There's no future here. It's time to move on and find another job.
여기는 미래가 없어. 옮겨서 새로운 일자리를 찾을 때야.

회화에서는 이렇게

A I got a promotion at work!
B Awesome! You deserve to move up in the company.
A I think so too. I've worked in that company for 12 years.
B Exactly. If you can't move up, then move on!

직장에서 승진했어!
굉장하다! 넌 그 회사에서 승진할 만 해.
나도 그렇게 생각해. 그 회사에서 12년이나 일했거든.
맞아. 만약 승진하지 못하면, 그땐 옮겨 버려!

UNIT 01 회사 생활

퇴직하다 09

일자리에서 그만둔다는 의미이므로 전치사 **from**을 써서 표현합니다.

resign from

사직하다
▶ 임기가 남은 상태에서 도중에 그만둔다는 의미입니다.

Armbro Pharmacy? No, I resigned from that job 2 years ago.
〈암브로 제약〉 말인가요? 아니에요, 그 직장에선 2년 전에 그만뒀어요.

retire from

은퇴하다
▶ 정년이 되어 그만둠을 가리킵니다.

A lot of people retire from work when they're 65.
많은 사람들은 65살이 되면 은퇴한다.

회화 에서는 이렇게

A Does your aunt still work at the art museum?
B No, she retired from there in 2007.
A How old is she now?
B She's 62, but she retired at 55.

네 숙모는 아직 미술관에서 근무하시니?

아니, 2007년에 은퇴하셨어.

지금 몇 살이신데?

62살이셔, 하지만 55살에 은퇴하셨지.

출장 가다

여행가다라는 의미의 go on a trip에 business라는 여행 목적을 덧붙여 출장 간다는 표현이 됩니다.

go on a business trip

출장 가다

Dad's going on a business trip to Hong Kong.
아빠는 홍콩으로 출장 가실 거야.

★ **go out of town**

(출장 등으로) 도시를 떠나다

▶ 직역하자면 도시를 벗어난다는 의미지만, 출장을 의미하는 경우가 많습니다.

I'm sorry I won't be at your graduation. I'm going out of town then.
네 졸업식에 못 갈 것 같아 미안해. 그때 출장 가거든.

회화에서는 이렇게

A I have to go out of town for a few days.
B Again? That's the third trip this month.
A Ha...that's my job. I'm a reporter, remember?
B I envy you. I wish I could go on a business trip.

며칠 동안 출장 가야 해.
또? 이번 달만 세 번째야.
아… 그게 내 일이지. 난 기자니까, 알고 있잖아?
네가 부럽네. 나도 출장 가 봤으면 좋겠는데.

UNIT 01 회사 생활

부재중이다 11

외출 등으로 잠시 자리를 비우는 것은 **be out**, 휴가로 하루 종일 자리를 비우는 것은 **be off**를 씁니다.

be out

외출 중이다

Don't call me at work. I'll be out visiting customers all day.
직장으로 전화하지 마세요. 고객을 만나러 하루 종일 외출 중일 겁니다.

★ be off

휴가 중이다

I have the flu so I'm off work today.
감기에 걸려서 오늘 휴가 중이다.

회화에서는 이렇게

A Are you going to lunch, Mr. Steel?
B Yes, Sheila. I'll be out until 2 o'clock.
A Certainly, Mr. Steel. I'll take your phone messages.
B Oh thanks…and I'll be off on Wednesday. Golf trip.

스틸 씨, 점심 먹으러 가나요?

네, 실라. 2시까지 자리에 없을 거예요.

알겠어요, 스틸 씨. 전화 메시지 받아줄게요.

오 고마워요… 그리고 수요일엔 휴가예요. 골프 여행 가요.

CHAPTER 4 회사

UNIT
02

회의

01 소집하다
02 제안하다
03 주장하다
04 동의하다
05 반대하다
06 지지하다
07 검토하다
08 처리하다
09 삭감하다
10 마무리하다

소집하다 01

불러낸다는 의미의 **call**과 **ask**를 이용해서 표현합니다.

call up

소집하다

▶ ~를 불러(call) 나타나게(up) 만든다는 의미로, **소집하다, 소환하다**라는 뜻입니다.

Don't forget. You have to call up Mr. Calrissian before you leave.
잊지 마세요. 떠나기 전에 칼리시안 씨를 불러야 해요.

ask for

~을 요청하다

▶ 뒤에 사람이 오면 **~를 불러내다**, 사물이 오면 **~을 요청하다**라는 의미가 됩니다.

Dial this number and ask for Luke Vader. He'll help you.
이 번호로 걸어서 루크 베이더를 찾으세요. 그가 당신을 도와줄 겁니다.

회화에서는 이렇게

A I want to do a video ad for our product.
B Call up Rocket Media. They do excellent video ads.
A Who should I ask for?
B Ask for Yuna Park. She's in charge of video production.

우리 상품의 비디오 광고를 하고 싶은데요.
로켓미디어를 부르세요. 그들이 비디오 광고를 아주 잘합니다.

누구를 찾아야 하죠?

박유나 씨를 찾으세요. 그녀가 비디오 제작을 맡고 있습니다.

제안하다 02

새로운 화제나 아이디어를 가져와서(bring) 꺼내놓는(up) 것을 의미합니다.

★ bring up

(화제를) 꺼내다

Great ideas! You should bring those up at work tomorrow.
멋진 생각이야! 내일 직장에서 그것들을 제안해 봐.

 +plus idioms

make an offer / make a proposal 제안하다

▶ **제안하다**라는 의미의 offer와 propose의 명사형을 사용하여 같은 의미를 표현할 수 있습니다.

They made me an offer that I couldn't reject.
그들은 내게 거절하기 힘든 제안을 했다.

회화에서는 이렇게

A Most of the air conditioners are dirty. They should be cleaned.
에어컨이 대부분 더러워요. 청소가 필요해요.

B Bring it up at the weekly meeting.
주간 회의에서 그 안건을 제안해 주세요.

A I will. Also, some of the teachers want to take their vacation.
제가 할 게요. 또, 몇몇 교사들도 휴가를 내고 싶어 해요.

B We can discuss that at the meeting too.
회의에서 논의해 볼 수도 있겠죠.

주장하다 03

주장하다라는 동사 argue 뒤에 찬성이면 for, 반대이면 against를 씁니다. 안건은 그 뒤에 나옵니다.

insist on

~을 주장하다

▶ 주장하는 내용은 that절이나 on+명사의 형태로 뒤 따릅니다.

We have to insist on pay for overtime work. Otherwise, it won't happen.
우리는 초과 근무 수당을 주장해야 한다. 그렇지 않으면, 생기지 않을 테니까.

argue for

~에 찬성 의견을 주장하다

I know a lot of people who will argue for that idea.
저 생각에 찬성 의견을 말할 많은 사람들을 안다.

argue against

~에 반대 의견을 주장하다

He argues against every suggestion I make.
그는 모든 제안에 반대 의견을 말한다.

회화에서는 이렇게

A How about changing the cafeteria menu?
B Okay. How about something more exciting, like pizza?
A Pizza sounds great, but the cook insists on healthy food.
B We can make healthy pizza.

구내 식당 메뉴를 바꾸는 것이 어때?
그래. 피자처럼 좀 더 자극적인 건 어때?

피자 좋지, 하지만 요리사는 건강에 좋은 음식을 주장해.

건강에 좋은 피자를 만들면 되잖아.

동의하다 04

agree with 뒤에는 사람과 의견에 대해 쓸 수 있습니다. with 대신 to나 on을 쓸 수 있는데, 이때는 뒤에 의견만 나올 수 있습니다.

agree with

~에 동의하다
▶ 자신의 의견이 상대방과 일치함을 나타냅니다.

I totally agree with you. We need an original product design.
난 전적으로 네게 동의해. 우리는 독창적인 상품 디자인이 필요하거든.

agree to

~에 동의하다
▶ 상대방의 의견과 일치하지 않더라도 받아들여 따르겠다는 의미를 내포하고 있습니다.

Nearly 80% of employees agreed to work for less money.
거의 80%의 직원들이 적은 돈으로 일하는 것에 동의했다.

agree on

~에 동의하다
▶ 합의의 의미가 강하므로 주로 공식적인 상황에서 쓰이며 주어가 복수인 경우가 많습니다.

It's not easy for 50 people to agree on any issue.
어떤 문제든 50명의 사람이 동의하는 것은 쉽지 않다.

회화에서는 이렇게

A Dr. Bruce had a sudden emergency. The meeting is cancelled.
브루스 박사님께 급한 일이 생겨서요. 회의는 취소됩니다.

B How about having another meeting Thursday at 10 a.m.?
목요일 오전 10시에 다시 회의를 하는 건 어떨까요?

A I'll agree with that. What do you think the others will say?
좋아요. 다른 사람들은 뭐라고 할 것 같아요?

B I don't know. They might not agree on the time. Let's ask them.
잘 모르겠습니다. 시간에 동의하지 않을지도 모르겠어요. 물어보겠습니다.

반대하다 05

동의하다라는 agree with의 반대 표현은 disagree with입니다. 그 외의 반대하다라는 표현을 살펴봅시다.

★ disagree with

동의하지 않다

> Now, everyone who disagrees with this plan, please raise your hand.
> 지금, 이 계획에 동의하지 않는 모두는 손을 들어주세요.

object to

~에 반대하다

▶ to 뒤에 안건을 씁니다.

> Why do you object to that? What's your reason?
> 왜 그것에 반대하니? 이유가 뭐야?

go against

~에 반대하다

▶ ~에게 맞서서(against) 진행한다는 의미로, **반대한다**는 뜻이 됩니다.

> Some people will support you and some will go against you. That's life.
> 어떤 사람들은 당신을 지지할 것이고 어떤 사람들은 당신에 반대할 것입니다. 그것이 삶입니다.

회화 에서는 이렇게

A The delivery trucks are in great condition.
배달 트럭의 상태는 좋습니다.

B I disagree with you. Half of them are 10 years old...or more!
전 당신 의견에 동의하지 않아요. 절반은 10년이나 됐고 그 이상 된 것도 있어요!

A I know but we can't replace them. It's too expensive.
알고 있지만 교체할 수는 없어요. 너무 비쌉니다.

B Again, I have to disagree with you. I think we can get a great deal.
다시 말하지만, 저는 반대합니다. 저렴한 물건을 찾을 수 있을 거예요.

지지하다 06

~의 뒤에서(back) 떠받치고 있는 모습을 나타냄으로써 **지지하다**라는 의미가 됩니다. 이 외에도 **stand**를 이용한 표현이 있습니다.

★ back up

~를 뒷받침하다

You're my friend. I'll back you up.
넌 내 친구야. 내가 널 도와줄게.

★ stand up for

~을 지지하다

▶ ~를 위해(for) 일어선다(stand up)는 의미입니다.

You have to stand up for what you believe in.
네가 믿는 것을 지지해야 한다.

stand by

~을 지지하다

▶ ~의 옆에(by) 서서(stand) 지지한다는 의미가 됩니다.

Do you stand by your decision? If not, we should rethink the matter.
네 결정을 변함없이 지지하니? 그렇지 않다면, 그 문제를 재고해야 해.

회화에서는 이렇게

A This could be a difficult presentation.
이건 어려운 발표가 될 수도 있어.

B Well, yeah. It's not easy to propose a million dollar project.
음, 그래. 백만 달러짜리 프로젝트를 제안하는 것은 쉽지 않지.

A I'm glad you're here to back me up.
네가 여기에서 날 도와주니 기뻐.

B It's no problem. I stand by you and your project.
별거 아닌데. 난 너와 네 프로젝트를 지지해.

검토하다 07

꼼꼼하게 살핀다는 뜻의 **over**를 붙여 의미를 강조합니다.

look over

~을 살펴보다

▶ 전체적으로 훑어본다는 의미입니다.

Can you look over my essay and check it for mistakes?
내 에세이를 살펴보고 실수가 있는지 확인해 줄 수 있어요?

★ go over

~을 검토하다

▶ 여러 번 살펴보며 점검한다는 뜻으로, examine보다 덜 공식적이지만 더 자주 쓰이는 표현입니다.

Let's go over the menu one more time. I want it to be perfect.
메뉴를 한 번 더 검토하자. 완벽했으면 하거든.

회화에서는 이렇게

A Did you look over my report yet?

B No, I didn't have time. I'll go over it now.

A Great. If you have any questions about it, just ask.

B I will. How about we discuss the report tomorrow?

제 보고서 살펴봤어요?

아니요, 시간이 없었어요. 이제 검토하려고요.

잘됐네요. 의문점이 있으면 바로 물어보세요.

그럴게요. 내일 보고서에 대해 상의하는 건 어때요?

처리하다 08

전치사 with를 써서 처리하는 문제나 사람에 대해 나타냅니다.

deal with

~을 다루다

▶ 일이나 문제를 다루다, 사람을 대하다라는 뜻입니다.

How do you deal with lazy employees?
게으른 종업원들을 어떻게 처리합니까?

cope with

~에 대처하다

▶ 어떤 문제나 상황에 직면하여, 일련의 작업을 통해 체계적으로 대응하고 처리해 나가는 것을 표현합니다.

All companies have to cope with competition.
회사는 경쟁에 대처해야 한다.

 take care of ~을 처리하다

▶ 맡아서 돌보며 문제를 처리한다는 뜻입니다.

Liam, take care of this customer please. She's been waiting for 30 minutes.
리암, 이 고객을 맡아 주세요. 30분 동안 기다리셨어요.

회화 에서는 이렇게

A We have a computer virus. Our system is shut down.

컴퓨터 바이러스가 있어. 시스템이 정지됐어.

B This is serious. Let's deal with this problem now.

심각한데. 이 문제는 지금 해결하자.

A Who should I call?

누굴 불러야 하지?

B Contact Miles Davis. His team will take care of it.

마일스 데이비스에게 연락해. 그의 팀이 처리할 거야.

삭감하다 09

줄이다라는 의미의 **cut**을 사용하여 **삭감하다**라는 표현을 만들어 봅시다.

cut down on

~을 줄이다

▶ 비용을 삭감하거나 가격을 깎을 때, 또는 담배처럼 안 좋은 것의 양을 줄일 때 주로 사용하는 표현입니다.

I really need to cut down on fried foods. I'm gaining weight.
난 정말 튀긴 음식을 줄여야 할 필요가 있어. 몸무게가 늘고 있어.

★ cut back on

~을 줄이다

▶ ~을 덜 쓰다라는 의미가 강하여 지출이나 소비를 줄일 때 많이 사용하는 표현입니다.

Should kids cut back on the time they spend watching TV?
아이들이 TV 보는 시간을 줄여야 하나요?

회화 에서는 이렇게

A This meeting is about our travel costs. They're too high.

B I think we should cut down on international travel.

A I agree. We can have more meetings online.

B We can also cut back on our first-class flights.

이번 회의는 여행 경비에 대한 것입니다. 너무 높아요.

해외 출장을 줄여야 한다고 생각합니다.

저도 동의해요. 온라인 회의를 더 많이 하면 되지요.

1등석 비행을 줄일 수도 있어요.

마무리하다 10

마무리된다는 뜻의 **up**을 붙여 의미를 강조합니다.

wrap up

마무리 짓다

▶ 둘둘 말아서 싸듯이(wrap) 어떤 행위의 매듭을 짓고 끝낸다는 의미가 됩니다.

The church service usually wraps up around 8:10.
교회 예배는 보통 8시 10분쯤에 끝난다.

wind up

마무리 짓다

▶ 둘둘 감는 것처럼(wind) 마무리 짓는 행동을 의미합니다. 뒤에 형용사나 -ing를 덧붙여 **결국 ~한 상태로 끝나다**라고 표현하기도 합니다.

It's getting late. Let's wind things up and go home.
시간이 늦었네. 마무리 하고 집에 가자.

+plus idioms — bring ~ to a conclusion 결론 짓다

▶ 결론(conclusion)을 가져오다(bring)라는 의미로, **결론 짓다, 매듭 짓다**라는 뜻을 표현합니다.

Man, I wish they would bring these Star Wars films to a conclusion.
이런, 스타워즈 시리즈를 결론 지어 줬으면 좋겠는데.

회화에서는 이렇게

A It's time to bring this meeting to a conclusion.

B But we want to wrap it up in a positive way.

A That's right, so everyone stand up!

B We're going to do the company cheer! Ready? S..U..C..C..E....

이 회의를 마무리 지을 시간이에요.

그렇지만 긍정적인 방법으로 끝내고 싶어요.

맞아요, 그럼 모두 일어나세요!

회사를 위해 환호합시다! 준비됐죠? 성고오….

CHAPTER 4 회사

UNIT

03

비즈니스

01 착수하다
02 조사하다
03 설득하다
04 거래하다
05 가격을 올리다
06 가격을 내리다
07 방문하다
08 맞이하다/전송하다
09 취소하다
10 파산하다

착수하다 01

set에는 ready(준비가 된)라는 의미가 있어, ~을 시작하다라는 뜻으로 쓸 수 있습니다.

set about ~을 시작하다
- 뒤에 명사나 동명사, to부정사가 올 수 있습니다.

They've already **set about** repairing the bridge.
그들은 벌써 다리 수리를 시작했다.

set out to ~에 착수하다
- 어떤 계획의 일부가 되는 작업을 시작한다는 의미로, 주어의 의도가 포함된 표현입니다.

She **set out to** save money and buy a condo, and she did it!
그는 돈을 모아 콘도를 사겠다는 계획에 착수했고, 결국 해냈다!

get down to ~에 착수하다
- get down에는 본격적으로 시작한다는 의미가 있는데, 특히 뒤에 work나 business 등이 같이 나오는 경우가 많습니다. to 대신 on을 쓰기도 합니다.

Do you understand, everyone? Let's **get down to** business.
모두 이해하셨죠? 자 본격적으로 일을 시작합시다.

회화에서는 이렇게

A We have 4 more days to remodel this house. | 집 수리 시한이 나흘 남았어.
B That's not much time. What are we doing today? | 시간이 많지 않네. 오늘 뭐 할까?
A You **set about** putting up the lights. I'll put in the sink and toilet. | 넌 전등 달기를 시작해. 나는 싱크대와 변기를 설치할게.
B Ok. Let's **get down to** work! | 좋아. 일을 시작하자!

조사하다 02

자세히 조사하다라는 의미의 표현들입니다. 동사 뜻에 따라 쓸 수 있는 상황이 다릅니다. 각각의 의미를 잘 살펴보고 상황에 맞는 표현을 사용합니다.

★ look into

~을 조사하다

▶ 세밀하게 살펴주고 조사한다는 의미를 담고 있습니다.

I'm starting a business. There are a lot of things to look into.
사업을 시작하려고 합니다. 조사할 것들이 많이 있어요.

search into

~을 조사하다

▶ 탐색(search)을 통해 조사한다는 의미입니다.

I have my laptop right here. I'll search into that.
바로 여기에 내 노트북 컴퓨터가 있어요. 그 사안에 대해 조사하겠습니다.

inquire into

~을 조사하다

▶ 질문(inquire)를 통해 조사하는 상황에서 쓰입니다.

Did he inquire into getting Wi-Fi for the office?
사무실에 Wi-Fi가 잡히는지 알아봤니?

회화에서는 이렇게

A This office is too small for us.
이 사무실은 우리에게 너무 작아요.

B Let me look into finding a bigger office.
제가 더 큰 사무실을 찾아볼게요.

A A place further from downtown might be good.
시내에서 더 먼 곳이 좋을 거예요.

B Yeah, for sure. The rent would be much cheaper.
확실히 그렇죠. 임대료는 더 저렴할 거고요.

설득하다

설득에는 어떤 사실을 믿도록 만드는 설득과 우리 편으로 끌어들이는 설득이 있습니다. 상황에 알맞은 표현을 사용합니다.

persuade of
~를 설득하다

▶ persuade+A(사람)+of+B(사실 등)의 형태로, A를 설득하여 B를 믿도록 납득시키다라는 의미가 됩니다. 단념하도록 설득할 때는 of 대신 out of를 씁니다.

It's hard to persuade her of my political views. She's very stubborn.
그녀에게 내 정치적 신념을 납득시키기는 어려워. 그녀는 매우 완고하니까.

win over
설득하다

▶ ~를 설득하여 자기 편으로 끌어들인다는 의미입니다.

I'll win him over with kindness. And if that doesn't work, I'll beg.
다정한 말로 그를 설득할 거야. 그게 안 된다면, 간청해야지.

prevail on
~를 설득하다

▶ 어떤 행동을 해 달라고 설득한다는 의미입니다.

Can I prevail on you to give me a ride home?
나 좀 집까지 태워 줄 수 있어?

회화에서는 이렇게

A It's too busy. We need another full-time employee.
너무 바빠. 정규직 직원이 더 필요해.

B You'll have to persuade Ms. Fisher. She controls the hiring.
피셔 씨를 설득해야 해. 그녀가 고용을 맡고 있으니까.

A She's not an easy person to win over.
그는 설득하기 쉬운 사람이 아닌데.

B Yes, but she's realistic. I think she'll understand.
그래, 하지만 현실적인 사람이야. 이해할 거야.

거래하다 04

거래하다라는 **deal**을 사용하여 거래와 관련된 표현을 알아봅시다.

deal with

~와 거래하다

▶ with 뒤에는 거래하는 대상인 사람이나 회사가 나옵니다.

We are dealing only with credible companies.
우리는 믿을 만한 회사들만 거래하고 있습니다.

deal in

~을 거래하다

▶ 특정한 분야(in)에서 사고파는 거래를 한다(deal)는 의미로, 일정 상품에 대해 취급한다는 의미입니다.

Our company deals in auto parts, like headlights and sparkplugs.
우리 회사는 전조등과 스파크 플러그 같은 자동차 부품을 취급합니다.

+plus idioms

make a deal 거래를 트다

▶ 거래를(deal) 만들어내다(make)라는 의미로, 거래를 시작하거나 거래선을 트는 영업 또는 흥정의 의미까지 포함되어 있습니다.

We are very eager to make a deal. We could be great partners.
우리는 거래를 간절히 열망하고 있습니다. 멋진 동업자가 될 것입니다.

회화에서는 이렇게

A You look happy. What's going on?

B We made a big deal with Banner Industries.

A The billion dollar deal? That's terrific!

B Oh yeah. Now our company is going to deal in microprocessors.

행복해 보이는데. 무슨 일이야?

우리가 배너 산업과 큰 거래를 텄어.

10억 달러의 거래? 대단한데!

오 그래. 이제 우리 회사는 마이크로 프로세서를 취급할 거야.

가격을 올리다 05

up으로 가격을 인상한다는 의미를 표현합니다.

mark up

가격을 올리다

I'm not shopping here anymore.
They keep marking up their clothes.
더 이상 여기에서 쇼핑하지 않을 거야. 옷의 가격을 계속 올리거든.

price up

~의 가격을 올리다

They priced up their beef again.
Let's have chicken instead.
그들이 소고기 가격을 다시 올렸어요. 닭고기로 대신합시다.

회화에서는 이렇게

A Bad news. The cold weather has hurt the orange crop.

B What should we do with our oranges then?

A Mark them up 50%.

B Our customers will be disappointed.

나쁜 소식이야. 추운 날씨 때문에 오렌지 수확이 타격을 입었대요.

그럼 우리 오렌지는 어떻게 해야 할까요?

50% 가격을 올려요.

고객들이 실망하겠군요.

가격을 내리다 06

down으로 가격을 인하한다는 의미를 표현합니다.

mark down
~의 가격을 인하하다

Don't buy a tablet now. They'll be marked down after Christmas.
지금 태블릿 사지 마. 크리스마스 후에 가격을 인하할 거야.

price down
가격을 깎다

Those vegetables look old. Price them down to 70% off.
저 채소들은 오래되어 보이는 데. 가격을 70% 인하해.

+plus idioms
discount 할인하다
▶ 정가를 할인하여 판매할 때 사용합니다.

Are you going to discount those hiking boots soon?
저 하이킹 신발 곧 할인판매 하실 건가요?

회화에서는 이렇게

A Hey Dave, no one is buying these skinny jeans.
어이 데이브, 아무도 이 스키니진을 사지 않는데.

B They're not very trendy anymore, are they?
더 이상 유행이 아니구나, 그렇지?

A Nope. Everyone's wearing baggy pants now.
응. 지금은 모두 배기바지를 입고 있어.

B Price them down to $15 then. Hopefully someone will buy them.
15달러로 가격을 내리자. 바라건대 누군가 사면 좋겠다.

방문하다 07

call 뒤에 on이 나오면 사람을 방문한다는 표현이 됩니다.

call on

~를 방문하다

You have a question about this digital camera? I'll call on my supervisor for you.
이 디지털 카메라에 대해 질문이 있다고요? 제가 대신 상사에게 가 볼게요.

+plus idioms

make a call on / pay a call on

~에 방문하다

▶ 명사 call을 사용하여 표현할 때는 make나 pay를 함께 사용합니다. **방문하다**뿐만 아니라 **전화하다**라는 의미도 있습니다.

I went to make a call on relatives in Osaka.
나는 오사카에 있는 친척을 방문하러 갔다.

회화에서는 이렇게

A Hi there. Are you looking for any new employees?
저기요. 새 직원을 찾고 계신가요?

B Hmm...I'm not sure. I'm not in charge of hiring.
음… 잘 모르겠어요. 저는 고용 담당이 아니라서요.

A How can I get the information?
어떻게 하면 정보를 얻을 수 있을까요?

B I'm sorry but the manager is on his break. Can you call on him tomorrow?
매니저가 부재중입니다. 내일 그를 방문해 주시겠어요?

맞이하다 / 전송하다 08

보다 see를 이용하여 맞이하거나 전송하다라는 의미로 사용할 수 있습니다.

see in

~를 안내하다

▶ 안으로(in) 들어오도록 맞이한다는 뜻입니다.

My name is John. I'll see you in the doctor's office when it's your turn.
제 이름은 존입니다. 당신 차례가 되면 박사님 사무실로 안내하겠습니다.

see off

(공항이나 역에서) 전송하다

▶ 시야에서 사라질 때까지(off) 계속 바라본다는 의미입니다.

Can you see this couple off the airplane? They can't walk very well.
이 커플이 비행기 타는 걸 전송할 수 있니? 그들이 잘 걷질 못해서.

회화에서는 이렇게

A The company president, Mrs. Chambers, will be here in 10 minutes.

사장님인 챔버 씨가 10분 안에 이곳에 오실 겁니다.

B Should I meet her in the lobby?

로비에서 맞이하나요?

A Yes please, and then see her in the boardroom.

네, 그 다음에 이사회실로 안내하세요.

B Should I see her off after the meeting?

회의 후에는 제가 전송할까요?

취소하다 09

보통 취소하다라는 동사 cancel이 있지만, 동사구로 표현할 수도 있습니다.

call off

취소하다

▶ 불러서(call) 중단(off)시킨다는 데서 예정이나 계획을 **취소하다**라는 의미가 됩니다.

His business trip was called off. So yes, he'll be home tomorrow.
그의 출장이 취소됐어. 그러니까 맞아, 그는 내일 집에 있을 거야.

take back

철회하다

▶ 가지고(take) 뒤로(back) 되돌아간다는 데서 후퇴, 철회를 의미하며 자기가 한 말을 취소한다는 뜻으로 쓰입니다.

Think before you speak. It's hard to take something back after you've said it.
말하기 전에 잘 생각해 봐. 말해 버리면 철회하기 힘드니까.

회화에서는 이렇게

A Honey, don't get angry but I have to call off our trip.

B Call it off? Why?

A There's a problem at the office. Mr. Alonso needs my help.

B And I need a vacation! Tell Mr. Alonso to find someone else!

여보, 화내지 마, 하지만 우리 여행을 취소해야겠어.

취소한다고? 왜?

사무실에 문제가 있어서. 알론소 씨가 내 도움이 필요하대.

그렇지만 난 휴가가 필요한데! 알론소 씨에게 다른 사람을 구하라고 그래!

파산하다 10

아래로(under) 가라앉는다는 의미에서 경제와 관련된 경우 파산의 뜻을 지닙니다.

go under

파산하다, 도산하다

A lot of families went under during the financial crisis.
많은 가족들이 재정 위기 동안 파산했다.

+plus idioms

go broke / go bust 파산하다

▶ broke와 bust는 고장, 파열의 뜻이 있어, 완전히 파산하여 무일푼이 된 상태를 가리킵니다.

He'll go broke if he keeps wasting all of his money.
그가 가진 돈을 계속 낭비한다면 파산하고 말 거야.

That new hair salon went bust. They just weren't making any money.
저 새 미용실은 파산했어. 돈벌이가 안 됐거든.

회화에서는 이렇게

A What's happening? Business is terrible.

B There's too much competition. Everyone's selling the same thing.

A I don't want to ask this but...are we going under?

B Honestly, if business doesn't improve, we will go broke.

무슨 일이니? 사업이 형편없어.

경쟁이 너무 심해. 모두 같은 것을 팔고 있어.

이런 질문을 하고 싶지 않지만… 우리 파산하는 거야?

솔직히 말하자면, 사업이 개선되지 않으면, 파산할 거야.

I'm Your Book

PHRASE VERBS

CHAPTER
5

학교

UNIT 01 학교 생활

UNIT 02 수업

CHAPTER 5 학교

UNIT
01

학교 생활

01 입학하다
02 졸업하다
03 자퇴하다
04 전공하다

05 수강하다
06 수강신청을 하다
07 (도서관에서) 대출하다

입학하다 01

들어가다라는 표현 뒤에 학교가 나오면 **입학하다**라는 뜻이 됩니다.

★ get into

~에 들어가다

▶ 어떤 조직이나 직종 등에 안으로 들어간다는 의미입니다.

I'm trying to get into an art school in New York.
나는 뉴욕의 아트스쿨에 들어가려고 노력 중이다.

> **+plus idioms**
>
> **enter** 들어가다
>
> ▶ **입학하다**라는 의미로 가장 널리 쓰이는 동사입니다.
>
> **What will you do if you don't enter that school?**
> 저 학교에 들어가지 않는다면 뭘 할 거니?

회화에서는 이렇게

A I'm really excited about starting university next year.

내년에 대학 생활을 시작하게 되어 정말 신나요.

B Did you get into a good university?

좋은 대학에 들어갔니?

A I'm not sure yet, but I applied to 3 different schools.

아직 확실치는 않지만, 다른 학교 세 곳에 지원했어요.

B Well, your grades are amazing. I wouldn't worry.

음, 네 성적은 끝내주니까. 걱정하지 않아.

졸업하다 02

graduate는 자동사로 전치사 from과 함께 써야 ~를 졸업하다라는 의미가 됩니다.

★ graduate from

~를 졸업하다

▶ graduate는 **졸업생**이라는 명사도 되는데, 주로 대학 졸업생을 뜻합니다.

When did you graduate from university?
언제 대학을 졸업했어요?

+plus idioms

finish 마치다

▶ 학교나 수업을 목적어로 취해 **학교(학업)를 마치다**라는 의미로 졸업한다는 뜻이 됩니다.

She'll finish her studies in May. After that, I'm not sure what she'll do.
그녀는 5월에 학업을 마칠 것이다. 그 후에 뭘 할지는 모르겠다.

회화에서는 이렇게

A Hi Grace. Your mom said that you'll graduate from PNU this year.
B That's right. I'll finish my degree in May.
A What are your plans after you graduate?
B I want to get a job in Boston. My sister lives there.

안녕 그레이스. 네 엄마가 그러는데 너 올해 PNU를 졸업한다면서.
맞아요. 5월에 학위를 마칠 거예요.
졸업한 후에 계획은 무엇이니?
보스턴에서 직장을 얻고 싶어요. 언니가 거기에 살거든요.

자퇴하다 03

그만두다라는 의미의 숙어를 이용해 학업을 그만둔다는 표현을 합니다.

★ drop out

중퇴하다, 탈퇴하다
▶ 참여하고 있던 학교나 조직 등에서 중도에 그만두는 것을 의미합니다.

A lot of students drop out of this program. It's really challenging.
많은 학생들이 이번 프로그램에서 탈퇴했어. 정말 힘들거든.

give up

포기하다
▶ 학업을 중도에 포기한다는 의미에서 자퇴한다는 뜻이 됩니다.

Don't give up. You can still pass if you study hard.
포기하지 마. 열심히 공부하면 통과할 수 있어.

> **tip** go back to school 복학하다
> → 학교로 다시 돌아가다라는 의미로, **복학하다**라는 뜻이 됩니다.
> I want to travel around Asia. Maybe I'll go back to school next year.
> 나는 아시아를 여행하고 싶어. 아마 내년에는 복학하겠지.

회화에서는 이렇게

A Mom...Dad...I might drop out of school.
B Don't give up, son. You only have 1 more year.
A I know but I'm not interested in my courses.
B Do you want to study something else?

엄마… 아빠… 전 학교를 자퇴할지도 몰라요.
포기하지 말아라, 아들아. 1년 밖에 안 남았잖아.

알고 있지만 수업에 흥미가 없어요.

뭔가 다른 걸 공부하고 싶니?

전공하다 04

분야를 나타내는 전치사 in을 붙여 ~을 전공하다라는 의미가 됩니다.

★ major in

~을 전공하다

▶ major는 명사로 **전공**이라는 뜻도 있습니다.

I'm majoring in finance. I want to be a stock-broker.
전 재정학을 전공하고 있어요. 증권 중개인이 되고 싶어요.

specialize in

~을 전공하다

▶ 어느 분야를 **전문적으로 다루다**라는 의미로, 학문과 함께 써서 전공을 표현합니다.

I love art but I don't know what to specialize in. Painting? Sculpture?
미술을 좋아하지만 뭘 전공해야 할지 모르겠어. 회화? 조각?

+plus idioms

minor in ~을 부전공으로 하다

▶ 부전공을 표현할 때는 major와 대비되는 단어인 minor를 사용합니다.

I minored in English Literature in college.
나는 대학에서 부전공으로 영문학을 공부했다.

회화에서는 이렇게

A I saw your SMU jacket. I went to that university too.

B Oh really? What did you major in?

A I majored in biology with a minor in psychology.

B Sounds interesting. I'm majoring in history.

자네 SMU 재킷을 봤네. 나도 그 대학에 다녔지.

오 정말요? 뭘 전공하셨어요?

난 생물학을 전공했고 부전공으로 심리학을 했지.

재미있겠어요. 전 역사를 전공하고 있어요.

수강하다 05

흥미를 갖고 선택한다는 의미에서, 과목과 함께 쓰면 수강하기 위해 택한다는 뜻이 됩니다.

go for

~을 택하다

Are you going to go for that psychology program at TSU?
TSU에서 심리학 프로그램을 선택할 거니?

+plus idioms

take a class 수강하다

I took a class in philosophy a few years ago.
몇 년 전에 철학 수업을 들었다.

회화 에서는 이렇게

A I have to choose one more subject to study this year.

B Why not take a class in filmmaking?

A Hmm…yeah, I could go for a class in filmmaking. I love movies.

B Cool. Maybe we can make a short film together.

올해 공부할 과목을 하나 더 골라야 하는데.

영화 제작을 수강하는 건 어때?

흠… 그래, 난 영화 제작 수업을 선택할래. 영화를 좋아하니까.

좋아. 우리 함께 단편영화를 만들 수 있을지도 모르겠구나.

수강신청을 하다 06

이름을 서명하여 참석에 동의한다는 뜻인 sign up(=register)에 for를 써서 **등록한다**라는 의미가 됩니다.

★ sign up for

~에 등록하다

What classes did you sign up for?
무슨 수업들을 등록했니?

register for

수강 신청을 하다

I'm registering for some courses on-line. It's a lot faster.
난 온라인으로 몇 강좌를 수강 신청하고 있어. 훨씬 빠르거든.

enroll in

수강 신청을 하다

▶ 이름을 명부에 올린다는 의미로 등록을 뜻합니다. in과 함께 사용하는 것에 주의합니다.

You can't enroll in Nutrition 212 anymore. They cancelled it.
영양 212를 더 이상 수강 신청할 수 없어. 취소됐거든.

회화에서는 이렇게

A Hi. I'd like to sign up for Creative Writing 101.
B I'm sorry. That class is already full.
A But I need that class so I can enroll in Creative Writing 102 later.
B You can register for CW 101 again in January.

안녕하세요. 창작 101을 수강 신청하고 싶은데요.

죄송합니다. 그 수업은 벌써 다 찼어요.

하지만 그 수업을 들어야 나중에 창작 102를 수강 신청할 수 있거든요.

1월에 다시 창작 101을 수강 신청할 수 있어요.

UNIT 01 학교 생활

(도서관에서) 대출하다

이름을 체크하고 책을 밖으로 가지고 나온다는 의미에서 **대출하다**라는 표현이 됩니다.

★ check out

대출하다

Hi there. How many books can I **check out** at one time?
안녕하세요. 한 번에 몇 권의 책을 대출할 수 있죠?

> **tip** return 반납하다
> → 대출한 책을 반납할 때는 return을 씁니다.
> If I don't return these by Monday, do I have to pay a fine?
> 이것들을 월요일까지 반납하지 못하면, 벌금을 내야 하나요?

회화에서는 이렇게

A Excuse me. Can I **check out** this book?
B Yes, but we only have one. You'll have to **return** it tomorrow.
A Tomorrow? But I need it to do an assignment.
B Sorry. A lot of other students probably need it too.

실례합니다. 이 책을 대출할 수 있나요?
네, 하지만 한 권밖에 없어요. 내일 반납하셔야 합니다.
내일이요? 하지만 과제를 하기 위해 필요한데요.
죄송합니다. 다른 많은 학생들도 그 책이 필요할지 모르니까요.

CHAPTER 5 학교

UNIT 02

수업

01 공부하다
02 노력하다
03 몰두하다
04 집중하다
05 이해하다
06 이해되다

07 따라가다
08 작성하다
09 제출하다
10 필기하다
11 찾아보다
12 커닝하다

공부하다 01

공부하다와 관련된 여러 가지 표현입니다.

★ brush up on

~을 복습하다

▶ 이미 알고 있는 것을 확실히 하려고 다시 갈고 다듬는다는 의미로 **복습한다**라는 표현이 됩니다.

Meet me in the library. We'll brush up on chapter 8.
도서관에서 만나자. 우리는 챕터 8을 복습할 거야.

★ pick up

익히다

▶ pick up의 다양한 의미 중 재주나 기술을 익히고 습득한다는 뜻이 있습니다.

My schedule is full, but I'll probably pick up a class in the summer.
일정이 꽉 찼지만, 아마도 여름에는 수업을 들을 거야.

cram up on

~을 벼락공부하다

▶ cram은 좁은 공간에 억지로 밀어넣다라는 뜻으로, 시험을 앞두고 머릿속에 지식을 쑤셔 넣는 것을 표현합니다.

I can't see you tonight. I have to cram up on my Spanish.
오늘 밤에 널 못 만나겠는데. 스페인어를 벼락공부해야 해.

회화에서는 이렇게

A Are you ready for Friday's Chinese exam?
B Almost. I still have to brush up on some grammar.
A My grammar's good. I'll probably cram up on the vocabulary though.
B Do you want to study together?

금요일 중국어 시험 준비 다 했니?
거의. 문법을 좀 복습해야 해.
나는 문법은 괜찮아. 어휘를 벼락치기로 공부해야 하겠지만.
같이 공부할래?

노력하다 02

work 뒤에 on을 붙여 계속 일하거나 공부한다는 의미로, 노력하는 모습을 표현합니다.

★ work on

~에 애쓰다

You're deep in concentration. What are you working on?
깊이 열중하고 있구나. 뭘 계속 애쓰고 있는 거야?

strive for

~을 얻으려고 노력하다

▶ ~을 얻기 위해(for) 노력하다(strive)라는 의미입니다. to 부정사를 목적어로 취할 수도 있습니다.

What are you passionate about? What do you strive for?
무엇에 열중하고 있어? 뭘 하려고 노력하는 거야?

+plus idioms

exert oneself 전력을 다하다

▶ 최선을 다해 노력한다는 의미입니다.

You've been studying for 10 hours straight. Don't exert yourself.
10시간 내내 공부했잖아. 너무 애쓰지 마.

회화에서는 이렇게

A Education is your future. Strive for excellence, daughter!

B Come on, Dad. You give me the same speech every year.

A That's because I want you to succeed.

B I will. I exert myself on every test and assignment.

교육은 네 미래야. 우수한 점수를 얻기 위해 노력해라, 딸아!

제발, 아빠. 매년 같은 말씀을 하시잖아요.

네가 성공하기를 바라니까 그러지.

그럴게요. 모든 시험과 과제에 전력을 다할게요.

몰두하다 03

자신(oneself)을 ~에 바치다라는 뜻으로 어떤 일에 몰두하거나 전념하는 모습을 표현합니다.

give oneself to

~에 몰두하다

I'm serious! I'm going to give myself 100% to this program!
정말이야! 이 프로그램에 100% 몰두할 거야!

devote oneself to

~에 전념하다

She devotes herself to everything that she does.
그녀는 자신이 하는 모든 일에 전념한다.

> **+plus idioms**
>
> **be absorbed in** ~에 빠지다
>
> ▶ absorb는 **흡수하다**라는 뜻인데, 수동태로 ~에 완전히 흡수되었다는 의미로 **~에 빠지다, 몰두하다**라는 뜻을 표현합니다.
>
> I was absorbed in reading.
> 나는 독서 삼매경에 빠져 있었다.

회화에서는 이렇게

A I'm worried about you, Jim. You're nearly failing this course.

B I don't know what to say, Ms. Jolie. I go to every class.

A Going to class isn't enough. You have to devote yourself to learning.

B I suppose I can try harder.

네가 걱정되는구나, 짐. 이번 수업에서 낙제 위기야.

뭐라고 드릴 말씀이 없네요, 졸리 선생님. 수업에는 빠지지 않고 나가는데요.

출석만으로는 충분하지 않아. 공부에 전념해야지.

더 열심히 노력해야겠네요.

집중하다 04

전치사 on을 써서 **집중하다**라는 표현이 됩니다.

concentrate on

~에 집중하다

▶ 많은 시간을 할애하여 집중하는 것을 의미합니다.

I can concentrate on my homework better in a quiet room.
조용한 방에서 숙제에 더 잘 집중할 수 있어.

focus on

~에 집중하다

▶ focus는 **초점**이란 뜻인데, **~에 초점을 맞추다**라는 의미에서 집중한다는 표현이 됩니다.

How can you focus on that book with the TV on?
어떻게 TV를 켜 놓은 채로 책에 집중할 수 있니?

회화에서는 이렇게

A Turn that music down! I can't focus on my work.

B But you play music all the time.

A I play classical music, not hard rock. It's more relaxing.

B Yeah, well...I concentrate on my work better with rock music.

음악 소리 좀 낮춰! 일에 집중할 수 없잖아.

하지만 넌 항상 음악을 연주하잖아.

난 클래식 음악을 연주하지, 하드록은 아니야. 클래식 음악은 훨씬 편안하지.

그래, 음… 난 록 음악에 집중이 더 잘 되던데.

이해하다 05

이해하는 결과를 내다(out)라는 표현입니다.

★ figure out

이해하다

▶ 계산(figure)하여 해답을 내다(out)라는 의미로, 오랜 생각 끝에 문제를 해결하거나 이해한다는 뜻입니다.

Let's figure out this problem together. Two heads are better than one.
이 문제를 함께 해결해 보자. 백지장도 맞들면 낫다잖아.

make out

알아보다, 알아듣다

▶ 주로 감각 기관을 사용해 알게 되거나 이해한다는 의미입니다.

Your writing is too messy. I can't make it out.
네 작문은 너무 엉망이야. 알아볼 수가 없어.

회화에서는 이렇게

A I wish I didn't sign up for chemistry.
B I know. Some of these questions are hard to figure out.
A Some? I can't make out any of them!
B Ha...I think we need help. Let's talk to the professor on Monday.

화학 수업을 등록하지 않았다면 좋았을 걸.
그래. 어떤 문제들은 이해하기 너무 어렵지.

좀이라고? 난 하나도 모르겠는 걸!

하… 우린 도움이 필요한 거 같군. 월요일에 교수님께 물어보러 가자.

이해되다 06

전치사 **across**를 이용하여 이해된다는 표현을 만들어 봅시다.

get across

의미가 전달되다

▶ 어떤 의미가 ~에게 **전달되다**라는 뜻으로 남을 이해하게 만든다는 의미가 됩니다.

I tried but I couldn't get the message across.

노력했지만 그 메시지의 의미가 이해되지 않았다.

come across

이해되다

▶ 특정한 인상이 다가와서 내가 이해되는 것을 의미합니다.

Did you come across the answer in the book yet? I still can't find it.

그 책에 있는 해답을 벌써 알아낸 거야? 난 아직도 못 찾겠는데.

회화에서는 이렇게

A Listen to this. "The introduction of an essay should…"

들어봐. "에세이의 도입부는…"

B I also read it, but the meaning didn't really come across.

나도 읽었지만, 의미가 잘 이해되지 않아.

A Refer to the example. It will help you understand.

사례를 참고해 봐. 네가 이해하는 데 도움이 될 거야.

B I see it. Hey, this is really helpful!

찾았다. 어이, 이건 정말 도움이 되는데!

따라가다 07

get 뒤에 ahead가 오면 ~의 앞에 가는 모습, behind가 오면 ~의 뒤에 가는 모습을 표현하여 ~보다 앞서다, 뒤지다라는 표현이 되기도 합니다.

★ keep up with

~에 뒤지지 않다

▶ ~에 뒤떨어지지 않게 유지하다(keep)라는 의미로, 뒤처지지 않고 따라간다는 뜻입니다.

I can't keep up with all of this work. It's too much!
이 모든 일을 따라갈 수는 없어. 너무 많아!

get ahead

앞서다

The secret to getting ahead is being organized.
앞서 가기 위한 비밀은 정리이다.

get behind

뒤지다

Why am I getting behind on school? Job, sports, family, girlfriend….
왜 학교에서 내가 뒤쳐지는 걸까? 일도, 운동도, 가족도, 여자 친구도….

회화에서는 이렇게

A How's it going, Mark? Are you keeping up with your homework?
어떻게 되어가니, 마크? 숙제는 따라가고 있는 거야?

B Pretty much. There's a lot of work but it's easy.
꽤 하고 있어. 숙제가 많지만 쉽거든.

A That's good. Tell me if you get behind.
잘됐군. 뒤쳐지면 말하렴.

B I will. Thanks a lot.
그렇게. 정말 고마워.

작성하다 08

쓰는 것을 완성(up)하거나 끝까지(out) 했다는 의미입니다.

write up

작성하다
▶ 쓰는 동작을 강조하는 표현입니다.

I have to write up that English paper. It's due tomorrow.
나는 영어 리포트를 작성해야 해. 내일이 마감이야.

write out

자세히 쓰다
▶ 자세하게 쓰는 것을 가리킵니다.

What are the emails of your group members? Please write them out for me.
네 모임 회원들의 이메일이 뭐니? 나한테 다 적어 줘.

draw up

작성하다
▶ 세심한 생각이나 계획이 필요한 문서나 계약서 등을 작성한다는 의미입니다.

Draw up a schedule of events for Sports Day.
운동의 날을 위한 행사 일정을 작성해라.

회화에서는 이렇게

A I'm terrible at writing essays. Where do I start?

에세이 쓰기는 끔찍해. 어디에서 시작하지?

B First, you should draw up an outline.

우선, 개요를 작성해야 해.

A Outline? Do you mean the main ideas of the essay?

개요? 에세이 요지 말이야?

B Exactly. Write out the main ideas of the introduction, body and conclusion.

맞아. 도입, 본론과 결론의 요지를 작성하도록 해.

제출하다 09

건네거나 전달한다는 **hand**와 **pass**에 전치사 **in**을 붙여 제출하다라는 표현이 됩니다.

hand in

(과제물을) 제출하다

Did you hand in your science project yet?
과학 프로젝트 제출했니?

pass in

(답안지를) 제출하다

I have to pass in my essay by October 17th.
10월 17일까지 에세이를 제출해야 한다.

turn in

~을 제출하다

▶ 선생님에게 받은 과제물을 다시 되돌려(turn) 내다라는 의미로 제출한다는 표현이 됩니다.

We turned in our building design but it wasn't finished.
우리 빌딩 디자인을 제출하긴 했는데 마무리되지 않았어.

회화에서는 이렇게

A Okay, everyone. Please turn in your test papers.

좋아, 여러분. 시험지를 제출해 주세요.

B Two more minutes, sir. Please?

2분만요, 선생님. 네?

A No Carla. I have to teach another class. Please hand them in now.

안 돼 칼라. 난 다른 수업을 해야 해. 지금 제출해라.

B I guess I'm finished. Here you go.

끝낸 거 같네요. 여기요.

필기하다

써 내려간다라는 의미로 전치사 down을 써서 표현합니다.

write down   적다
▶ 기억하기 위해 쓰는 것을 가리킵니다.
Can you write that down for me? I forgot to bring a pen.
날 위해 받아 적어 줄래? 펜 가져오는 걸 잊어버렸어.

take down   적다
You don't have to take that down. It's on the university website.
그걸 적어 둘 필요는 없어요. 대학교 웹사이트에 있거든요.

put down   적다
▶ write down과 비슷한 의미입니다.
Aww man! I put her number down on a napkin, but I threw it away.
오 이런! 그녀의 전화번호를 냅킨에 적었는데, 버리고 말았어.

회화에서는 이렇게

A Open your notebooks and take down this information.
공책을 펴고 이 정보를 적으세요.

B I don't have to write it down. I can remember it.
그걸 적을 필요 없어요. 기억할 수 있거든요.

A You can remember 3,000 years of Egyptian history?
3천 년의 이집트 역사를 기억할 수 있다고?

B 3,000? Quick, someone give me a pencil!
3천? 어서, 누가 연필 좀 줘!

찾아보다

look이나 search를 이용하여 찾다는 표현을 할 수 있습니다.

★ look up

찾아보다
▶ 사전이나 인터넷 등에서 정보를 검색해 찾아보는 것을 의미합니다.

You don't know the spelling? Look it up in the dictionary.
철자를 모르니? 사전을 찾아보렴.

search for

~을 찾다
▶ 탐색이나 수색 작업을 통해 찾는 것을 말합니다.

What's the best way to search for information on the Titanic?
타이타닉에 대한 정보를 찾는 가장 좋은 방법이 뭐니?

look for

~을 찾다
▶ 사람이나 사물, 장소 등을 찾아다니거나 탐색하는 것을 의미합니다.

Where have you been? I've been looking for you all day.
어디 있었던 거야? 하루 종일 찾았잖아.

회화에서는 이렇게

A Can I borrow your laptop? I have to look something up.

노트북 컴퓨터 좀 빌려 줄래? 뭐 좀 찾아볼 게 있어서.

B What are you looking for?

뭘 찾고 있는데?

A I need some information on Korea's Joseon Dynasty.

조선 왕조에 대한 정보가 필요해서.

B That should be easy. Just type "Joseon Dynasty" into Google.

그거야 쉽지. 그냥 구글창에 "조선 왕조"라고 쳐 봐.

커닝하다

★ **cheat on**

부정행위를 하다
▶ 시험이나 경기 등에서 부정행위를 하는 것을 표현합니다. cheat은 속이거나 사기치는 것을 의미합니다.

Have you ever cheated on a test?
시험에서 커닝해 본 적 있니?

> **tip** **crib note / cheat sheet** 커닝페이퍼
> → 부정행위를 위해 답을 적어놓은 쪽지를 표현하는 말입니다.

회화에서는 이렇게

A What's the penalty for cheating on an exam?
B You get a zero. Why, did you cheat on a test?
A No, but a friend of mine did. She's worried that she'll get caught.
B Why didn't she just study?

시험에서 커닝하면 처벌이 뭐야?

0점을 받게 되지. 이런, 시험에서 커닝했니?

아니, 하지만 내 친구가 했어. 걸릴 거라고 걱정하고 있어.

그냥 공부하지 왜 그랬대?

PHRASE VERBS

CHAPTER
6

장소

UNIT 01 쇼핑
UNIT 02 병원
UNIT 03 은행

CHAPTER 6 장소

UNIT 01

쇼핑

- 01 둘러보다
- 02 ~해 보다
- 03 지불하다
- 04 깎아 주다
- 05 합산하다
- 06 교환하다
- 07 반품하다
- 08 가져가다

둘러보다 01

주위(around)를 본다는 뜻에서 **둘러보다**라는 의미가 됩니다.

★ look around

둘러보다

Do you want to look around the mall today?
오늘 쇼핑몰을 둘러보고 싶니?

browse around

둘러보다

▶ 특히 쇼핑과 관련하여 많이 씁니다. 흔히 **아이 쇼핑**이라고 부르는 행동의 정확한 표현은 browsing입니다.

I'm going to browse around for a little while. I probably won't buy anything.
잠시 둘러보려고요. 아무것도 사지 않을지 모르지만요.

> **+plus idioms**
>
> ### take a look around 주위를 둘러보다
>
> ▶ 명사 look을 사용한 표현으로, look around와 같은 의미입니다.
>
> I took a look around the men's clothing department, but I didn't find anything.
> 남성복 코너를 둘러봤는데, 아무것도 못 찾았어.

회화에서는 이렇게

A Welcome to Discount Palace. Can I help you find something?

〈디스카운트 팰리스〉에 오신 것을 환영합니다. 찾으시는 걸 도와드릴까요?

B No, I'm just browsing around thanks.

아니요, 그냥 둘러보려고요. 감사합니다.

A Yes, take a look around. All the furniture is 20% off today by the way.

네, 둘러보세요. 그런데 모든 가구가 오늘 20% 할인 중이랍니다.

B Ahh really? Do you have any coffee tables?

아 정말요? 커피 테이블 있나요?

~해 보다 02

try를 이용하여 ~해 보다라는 표현을 만들 수 있습니다.

★ try on

입어 보다

▶ 착용을 뜻하는 on을 붙여 **옷을 입어보다**라는 의미를 나타냅니다.

Pardon me, do you work here? Can I try these pants on?
죄송하지만, 여기에서 일하세요? 이 바지 입어봐도 되나요?

try out

시험해 보다

▶ 성능이나 효력을 알아보기 위해 시험적으로 사용해 보는 것을 의미합니다.

Do you mind if I try out the treadmills?
러닝머신 써 봐도 되나요?

회화에서는 이렇게

A I'm looking for a suit jacket but I don't know my size.

B No problem. Why don't you try some jackets on?

A Sure. I'll try on that blue one.

B Excellent choice, sir. That's a very popular style.

정장 재킷을 찾고 있는데 제 사이즈를 모르겠어요.

괜찮습니다. 재킷들을 좀 입어 보시겠어요?

네, 저 파란 것을 입어 볼게요.

멋진 선택이시네요, 손님. 매우 인기 있는 스타일이랍니다.

지불하다 03

지불하다의 **pay**에 다양한 전치사를 붙여 여러 가지 표현이 됩니다.

pay for

~의 대금을 지불하다

▶ pay + 돈(금액) + for + 내용의 형태로 사용합니다.

Do you have enough money to pay for that? It's kind of expensive.
그 값을 지불할 돈이 충분하니? 좀 비싼데.

★ pay with

~로 지불하다

▶ 지불수단을 표현하며 pay by라고 하기도 합니다.

Can I pay with my bank card? I don't have any cash with me.
은행 카드로 지불해도 되나요? 현금을 가진 게 없어서요.

pay in

~로 지불하다

▶ 지불 수단이 현금의 경우 관용적으로 pay in cash 라고 합니다.

It's only $1.50. Just pay in cash.
1.50달러밖에 안 하잖아. 현금으로 내.

회화에서는 이렇게

A Did you find everything you were looking for?
찾고 있던 걸 모두 찾으셨나요?

B Yes, thanks. Can I pay for these things here?
네, 고마워요. 이것들을 여기에서 계산하면 되나요?

A Certainly. How do you want to pay for them? Cash or card?
물론이죠. 어떻게 지불하시겠습니까? 현금 아니면 카드로요?

B I'll pay in cash.
현금으로 할게요.

깎아 주다 04

제하거나(off) 내린다(down)라는 의미를 더해 가격을 깎는다는 표현이 됩니다.

★ take off

~을 깎다, 빼다

▶ take + 금액 + off + 대상의 형태로 사용하며, 대상에는 원래 가격이나 청구서, 제품 등이 나옵니다.

The salesperson took $50 off the dress because of a small hole.
작은 구멍이 있어서 판매원이 옷의 가격을 50달러 내렸다.

come down

(가격을) 내리다

▶ 원래 내리다라는 뜻으로, 가격과 함께 쓰이면 할인하다라는 의미가 됩니다.

You should wait a few weeks before you buy it. The prices might come down.
그것 사기 전에 몇 주만 기다려. 가격이 내릴 거야.

+plus idioms

give a discount 할인하다

▶ 판매자가 주어가 되어 할인해 주다라는 의미로 쓰입니다.

Can you give me a discount on these skis? They look used.
이 스키 할인해 주실 수 있나요? 중고품인 것 같은데요.

에서는 이렇게

A Can I ask a question? Will the prices on these guitars come down?

뭐 하나 물어봐도 될까요? 이 기타들 가격이 내릴까요?

B I don't think so. That's a popular model. They sell pretty well.

그럴 것 같지 않네요. 인기 모델이거든요. 잘 팔리고 있어요.

A How about this one? There are some scratches on it.

이건 어때요? 흠이 좀 있네요.

B Oh, I never noticed that. Sure, I'll give you a discount.

오, 그건 못 봤네요. 좋아요, 할인해 드리죠.

합산하다 05

합계를 낸다는 의미로 전치사 **up**이나 **out**을 붙여 표현합니다.

add up

합산하다
▶ 더해서 합계를 내는 것을 의미합니다.
Add up the prices before you go to pay.
지불하기 전에 합계를 내 봐.

★ figure out

계산해 내다
▶ figure는 숫자를 뜻하며, 숫자의 총합을 계산해 결과를 내는 것을 의미합니다.
I can't figure out how much this perfume is. There's no price tag.
이 향수 가격을 모르겠는데. 가격표가 없어.

total up

합계를 내다
▶ 합계(total)을 계산해 낸다는 의미입니다.
Get the cashier to total up your things for you.
계산대로 가서 네 물건들을 계산해.

회화에서는 이렇게

A Do you think we have enough money for these?

B Let's add them up, 2 sleeping bags, 1 camping lamp...

A ...1 thermos, 1 mini-barbecue. Did you figure out the total?

B It's about $240. I think we have enough.

이것들을 살 돈이 충분할 것 같니?

합산해 보자, 침낭 두 개, 캠핑 램프 하나…

…보온병 한 개, 미니바비큐 한 개. 총 금액 계산했어?

240달러 정도네. 충분할 거 같아.

교환하다 06

교환에는 **for**을 사용합니다. A에는 바꾸려는 물건을, B에는 그 대체품이 되는 물건을 넣습니다.

exchange A for B

A와 B를 교환하다

Can I exchange these sandals for another pair?
이 샌달을 다른 것과 교환해도 되나요?

swap A for B

A와 B를 교환하다

Hopefully the store will let me swap this watch for another one.
바라건대 가게에서 이 시계를 다른 것으로 바꿔 주기를.

회화에서는 이렇게

A This mirror has a crack in it. Can I get my money back?

B Do you have your sales receipt?

A No, I don't. I think I threw it in the garbage.

B Then I'm sorry. You can only exchange it for another mirror.

이 거울 금이 갔어요. 환불할 수 있나요?

영수증을 갖고 계신가요?

아니요. 쓰레기통에 버린 것 같아요.

그럼 죄송합니다. 다른 거울로 교환만 가능합니다.

반품하다 07

원래의 주인에게 돌려준다는 의미에서 **back**을 사용합니다.

take back

~을 반품하다

Please take that painting back to the shop. It's horrible!
그 그림을 가게에 반품해 줘. 끔찍해!

★ bring back

~을 돌려주다

Can I borrow the car? I have to bring something back to Z-Mart.
차를 빌릴 수 있을까? Z-마트에 물건을 반품해야 해서.

> **+plus idioms**
>
> ### get a refund 환불 받다
>
> ▶ 구입한 물건을 돈으로 환불 받을 때에는 refund를 사용합니다.
>
> Can you get a refund? Do you still have the receipt?
> 환불 받으시겠어요? 영수증 갖고 계신가요?

회화에서는 이렇게

A I like these sneakers but they're too tight.
B They're too tight? You should take them back.
A But this style is impossible to find. I'll never find another pair.
B Don't hurt your feet. Bring them back and get a refund.

이 운동화가 좋은데 너무 끼어.
너무 낀다고? 반품해야겠구나.
그렇지만 이 스타일은 구하기 어려워. 다른 것을 결코 찾을 수 없을 거야.
발이 아프면 안 돼. 반품하고 환불 받도록 해.

가져가다 08

take에 out(밖으로)이나 away(멀리)를 붙여 가지고 가다라는 표현이 됩니다.

★ **take out**

가져가다

How about some fried chicken for dinner? We can take it out.
저녁으로 닭튀김 어때? 포장해 올 수 있어.

take away

가지고 가다

▶ 포장해 가는 것을 의미합니다.

Will that be eat in or take away?
안에서 드시겠어요 아니면 가져가시겠어요?

 to go (포장해서) 가지고 가다

▶ 음식을 포장해서 가지고 갈 때 가장 자주 쓰이는 표현입니다. 패스트푸드점에서 주문할 때 직원이 보통 "Here, or to go?"라고 물어봅니다.

Can I get those nachos to go please?
저 나초를 가지고 가도 될까요?

회화에서는 이렇게

A Welcome to King Burger. Can I take your order?

B Three King burgers and 4 regular King fries, please.

A Is that for here or to go?

B That's to go. Oh, and can I have 3 King Brain milkshakes?

〈킹 버거〉에 오신 것을 환영합니다. 주문하시겠어요?

킹 버거 세 개랑 보통 사이즈의 킹 감자튀김 네 개 주세요.

여기에서 드시겠어요 아니면 가지고 가실 건가요?
포장해 주세요. 오, 그리고 킹 브레인 밀크쉐이크 세 잔도 주실래요?

CHAPTER 6 장소

UNIT

02

병원

01 병을 앓다
02 토하다
03 수술하다
04 간호하다
05 회복하다
06 소생하다
07 기절하다
08 사망하다

병을 앓다 01

뒤에 병명 등과 함께 쓰여 ~병에 걸려 앓다라는 의미가 됩니다.

suffer from

~로 고통 받다

▶ 어떤 병으로 인해 고통 받다(suffer)라는 의미입니다.

Most people will suffer from some illness in their lives.
대부분의 사람들이 살면서 병으로 고통 받는다.

go through

겪다

▶ 경험하다, 겪다라는 의미를 가진 표현입니다.

Cancer is a terrible disease to go through.
암은 겪기에 끔찍한 질병이다.

회화에서는 이렇게

A Grandma is going through a lot of pain today.

B Yes, she suffers from arthritis. Sometimes it's very painful.

A Does she take any medicine?

B Sometimes she takes aspirin. It helps relieve the pain.

할머니가 오늘 매우 고통스러워 하세요.

그래, 관절염을 앓고 계시지. 때때로 매우 아파하시곤 해.

약은 드시나요?

가끔 아스피린을 드시지. 고통을 줄이는 데 도움이 돼.

토하다 02

토할 때는 아래에서 위로 올라오기 때문에 전치사 **up**을 붙여 표현합니다.

★ throw up

~을 토하다

▶ 먹은 것을 위로 올려 토해낸다는 의미입니다. 우리가 자주 쓰는 overeat는 잘못된 표현입니다.

If you have to throw up, the bathroom is over here.
토해야 한다면, 화장실은 이쪽이야.

cough up

~을 토해내다

▶ cough는 **기침하다**라는 의미로 특히 기침하다가 뭔가 토해낼 때 씁니다. 속어로 **돈 등을 마지못해 내 주다**라는 의미도 있습니다.

Please come here, doctor! She's been coughing up blood.
선생님, 이쪽으로 와 주세요! 그녀가 피를 토하고 있어요.

vomit 토하다

I was shaking and vomiting all last night. I'm better now though.
지난밤 내내 몸이 떨리고 토했어. 지금 좀 나아졌지만.

회화에서는 이렇게

A Stop the car! I'm going to throw up.
차 세워! 토하려고 해.

B Here you go. Are you okay?
자. 괜찮아?

A Not really. My head hurts and I feel weak.
별로. 머리가 아프고 힘이 없어.

B Hmm, you have a fever too. I think you have the flu.
흠, 열도 있네. 독감에 걸린 것 같은데.

수술하다 03

operate 뒤에 on이 오면 수술하는 부위가, for가 오면 수술 이유나 병명이 나옵니다.

operate on
~을 수술하다

My leg won't heal, so the doctor has to operate on it.
다리가 낫지 않아서, 의사가 수술해야 한대.

operate for
~때문에 수술하다

How long will they operate for cancer? Is it a long procedure?
암 수술에 얼마나 걸리죠? 오래 걸리는 수술인가요?

회화에서는 이렇게

A My vision is getting worse, Dr. Phil.
B Yes, you have cataracts.
 I'll have to operate on your eyes.
A Is it a difficult operation?
B No, not at all. It'll take 20 or 30 minutes.

시력이 점점 나빠지고 있어요, 필 박사님.
네, 백내장이 생겼어요. 눈을 수술해야 합니다.
어려운 수술인가요?
아니, 전혀요. 2~30분이면 됩니다.

간호하다 04

아래의 표현 외에 관련 표현으로 **take care of**가 있습니다.

wait on

~를 시중 들다

▶ ~의 시중을 들며 돌보는 것을 의미합니다.

I really don't like people waiting on me. I want to do things myself.
나는 정말 사람들이 나를 봐주는 게 싫어. 내 스스로 하고 싶어.

attend to

~를 돌보다

▶ 뒤에 사람이 나오면 **돌보다**, 사물이 나오면 **처리하다**라는 의미가 됩니다.

Yeah, the nurses attending to my dad are amazing. So helpful.
응, 우리 아빠를 돌봐주는 간호사들은 굉장해. 매우 도움이 되거든.

회화에서는 이렇게

A Nurse, can you attend to the patient in room 214?

B What's the problem, doctor?

A He says that the room is too cold. Maybe he needs another blanket.

B Yes, I'll wait on him.

간호사님, 214호 환자 좀 봐 주시겠어요?

무슨 일이에요, 선생님?

병실이 너무 춥다고 해요. 담요가 더 필요한 거 같아요.

네, 제가 돌보겠습니다.

회복하다 05

질병으로부터 회복하게 된다는 의미입니다.

★ **get over**

회복하다
▶ 어려움을 이겨내고 극복한다는 의미를 가진 표현으로, 질병과 함께 사용하면 **회복하다**라는 뜻이 됩니다.

I'm still sneezing and coughing. I'm never going to get over this cold.
계속 콧물이 나고 기침을 해요. 이번 감기를 이겨내지 못하겠어요.

recover from

~에서 회복하다

We hope you'll recover from your operation soon.
수술에서 곧 회복되길 바란다.

회화에서는 이렇게

A Hi Ryan. How's your knee?
B It's hard to bend. I'm still recovering from the surgery.
A It takes weeks or months to get over knee surgery.
B Yeah. I really miss hiking in the mountains.

안녕 라이언. 무릎은 어때?
구부리기 힘들어. 아직 수술에서 회복 중이야.

무릎 수술은 회복하려면 몇 주나 몇 달이 걸리지.

응. 정말 산에서 하이킹하고 싶은데.

UNIT **02** 병원

소생하다 06

around 대신 round를 써도 됩니다.

come around

의식을 차리다

▶ 의식을 잃었다가 상황이 변해 의식이 되돌아오는 모습을 나타냅니다. **위치나 의견을 바꾼다**는 뜻으로도 쓰입니다.

She's much better. In the last few days, she's really come around.
그녀는 많이 좋아졌어. 며칠 만에 진짜 의식이 돌아왔어.

bring around

의식을 되찾게 하다

▶ bring+사람+around의 형태로, ~가 의식을 되찾게 하다라는 의미입니다.

We tried everything we could to bring the cat around.
우리는 고양이의 의식을 되돌리려고 할 수 있는 모든 일을 시도했다.

+plus idioms

come to oneself 의식을 되찾다

▶ 자기 자신(oneself)으로 돌아온다는 의미입니다.

Hecto's come back to himself in a big way. Thank god for that medication.
헥토가 엄청난 방법으로 의식을 되찾았어요. 그런 치료를 받아서 정말 다행이에요.

회화에서는 이렇게

A How long has it been since he passed out?

B About 2 minutes. What should I do?

A Massage his arms and legs, and hopefully he'll come around soon.

B I'll try. Please come right away, doctor.

그 분이 기절한 지 얼마나 지났나요?

2분쯤이요. 뭘 해야 하나요?

팔다리를 주물러 주면 곧 정신이 들 것 같아요.

해 볼게요. 빨리 와 주세요, 선생님.

기절하다 07

의식이 나가면(out) 정신을 잃다라는 표현이 됩니다.

★ pass out

의식을 잃다

I got up too fast. I think I'm going to pass out.
너무 빨리 일어났어. 기절할 것 같아.

black out

의식을 잃다

▶ 술을 많이 마시면 흔히 **필름이 끊긴다**라고 할 때 사용할 수 있는 표현입니다. 의식을 잃어 기억에 공백이 생기는 것을 의미합니다.

He almost blacked out after the race. I think he ran too hard.
그는 경주 후에 기절할 뻔 했어. 너무 열심히 뛰었던 것 같은데.

회화에서는 이렇게

A Help me lift this patient onto the bed.
B Did she fall down?
A No, she blacked out. Luckily, she didn't hit her head.
B I told her to stay in bed. This is the second time she's passed out.

이 환자를 들어 침대 위에 눕히는 걸 도와주세요.
침대에서 떨어졌나요?
아니요, 기절했어요. 다행히, 머리는 부딪히지 않았네요.
침대에 있으라고 말했는 데, 의식을 잃은 게 이번이 두 번째군요.

사망하다 08

우리말에도 그냥 **죽다**라고 하기 보다는 **돌아가시다, 떠나다** 등 우회적으로 표현하듯 영어에도 그런 식의 표현이 있습니다.

★ pass away

돌아가시다

▶ pass out이 잠시 정신이 나갔다가 돌아오는 것이라면, pass away는 영혼이 멀리 떠나버려 돌아오지 못하는 상태, 즉 사망을 의미합니다.

Did you hear that Mr. Carson passed away? He looked so young.
카슨 씨 돌아가신 거 들었어요? 젊어 보였는데.

die of

~로 죽다

▶ **사망하다**라는 뜻의 die에서 사망의 이유를 표현할 때는 of와 함께 씁니다.

What did your grandfather die of?
할아버지는 왜 돌아가셨어요?

회화에서는 이렇게

A I heard that your uncle passed away. I'm so sorry.

B Thanks Patrick. He died of cancer.

A Both of my grandmothers had cancer. What an awful disease.

B It certainly is.

네 삼촌이 돌아가신 거 들었어. 유감이야.

고마워 패트릭. 암으로 돌아가셨어.
우리 할머니 두 분도 암이셨어. 참으로 끔찍한 병이지.

정말 그래.

CHAPTER 6 장소

UNIT
03

은행

- **01** 저축하다
- **02** 인출하다
- **03** 돈을 갚다
- **04** 신청서를 쓰다

저축하다 01

save나 put을 이용하여 저축한다는 표현을 만들어 봅시다.

★ save up

저축하다
▶ 사고 싶은 물건을 위해 돈을 쓰지 않고 모으는 것을 의미합니다.

I'm saving up my money for a car.
나는 차를 사기 위해 돈을 모으고 있다.

put aside

(~에 대비하여) 저축하다
▶ 나중에 사용하기 위해 돈을 모아두는 것을 의미합니다. put 대신 lay를 쓰기도 합니다.

Unfortunately, we couldn't put much aside for retirement.
유감스럽게도, 은퇴를 대비하여 많이 저축하지 못했다.

put away

모으다
▶ 미래에 사용할 것을 대비하여 모아두는 것을 의미합니다.

How much money did you put away for the trip?
여행할 돈을 얼마나 모았니?

회화 에서는 이렇게

A I'm trying to spend less money and save more.
돈을 좀 덜 쓰고 좀 더 저축하려고 노력 중이야.

B Is it working? Are you saving up very much?
잘 되고 있어? 많이 모았어?

A I guess so. I'm putting aside 400 to 500 dollars every month.
그런 거 같아. 매달 400에서 500달러를 모으고 있거든.

B Whoa! I wish I could put aside $20 each month.
우아! 매달 20달러만 모을 수 있어도 좋겠다.

인출하다 02

take out은 꺼내다라는 의미로, 돈을 인출할 때 사용할 수 있는 표현입니다.

★ take out

인출하다

▶ take + 돈 + out(of) + 은행, 계좌의 형태로 표현합니다.

I need to take out some money for the weekend.
주말을 보내기 위해 돈을 좀 인출해야 해.

withdraw from

~에서 인출하다

▶ withdraw는 **빼내다, 철회하다**라는 의미입니다.
withdraw + 돈 + from + 은행, 계좌의 형태로 사용합니다.

How much did you withdraw from the bank?
은행에서 얼마나 인출했니?

회화에서는 이렇게

A Where's Kayley?
B She's withdrawing some money from the bank machine.
A I should take out some money too. I don't have any cash.
B Hurry up then. The bus will be here in 6 minutes.

케일리 어디 있니?
현금인출기에서 돈을 좀 인출하고 있어.
나도 돈을 좀 인출해야 하는데. 현금이 없어서.
그럼 서둘러. 6분 있으면 버스가 도착할 거야.

돈을 갚다 03

지불과 관련된 표현이기 때문에 **put**을 이용하여 만듭니다.

★ pay off

돈을 갚다

▶ 돈을 지불(pay)하여 빚을 완전히 털어버린다(off)는 의미로 빚의 청산을 표현합니다.

Did you pay off your mortgage yet? Are you debt-free?
대출금 다 갚았니? 부채는 없는 거야?

pay up

빚을 다 갚다

▶ 특히 돈을 갚지 않으려 하거나 지불 시한이 늦어진 경우 전액 지불한다는 의미로 쓰입니다.

If you promised to pay her then you should pay up.
네가 그녀에게 지불한다고 약속했다면 네가 전부 갚아야 해.

> (tip) **get a loan** 대출하다
> → 주어의 입장에서 대출을 받아내는 것을 의미합니다.
>
> **give a loan** 대출해 주다
> → 주어가 대출을 제공하는 것을 의미합니다.
>
> **grant a loan** 융자를 승인하다
> → 특히 공식적이거나 법적으로 승인(grant)하는 의미가 강조된 표현입니다.

회화에서는 이렇게

A Woo hoo! I finally paid off my car loan!
우후! 드디어 내 차 할부금을 다 갚았어!

B You made your last payment on your car?
마지막 차 할부금을 냈다고?

A Yes! Now I own the car 100%.
응! 이제 100% 내 소유야.

B But your car is 12 years old. Isn't it time to buy a new one?
그렇지만 12년이나 된 차잖아. 새 차를 사야 할 때가 된 거 아니야?

신청서를 쓰다 04

fill out은 전체 양식이나 서류 전체를 작성한다는 뜻이고, **fill in**은 신청서의 빈칸을 채워 넣는다는 뜻으로 주로 사용했습니다. 최근에는 뜻의 차이 없이 쓰이고 있습니다.

★ fill out

작성하다
▶ out은 완성한다는 의미가 있습니다.

Every student has to fill out this application.
모든 학생들은 이 지원서를 작성해야 합니다.

fill in

기입하다
▶ in은 ~안에 넣는다는 의미가 있습니다.

I forgot to fill in the section about my email and cell number.
이메일과 휴대전화 번호 칸을 채워 넣는 것을 잊었어.

회화에서는 이렇게

A Morning. I would like to open a bank account.

B Please fill out these forms and sign your name at the bottom.

A Should I fill in these yellow boxes too?

B No, those boxes are for bank employees only.

좋은 아침이에요. 계좌를 만들고 싶어서요.

이 양식을 작성하고 맨 아래에 서명해 주세요.

이 노란색 상자도 기입해야 하나요?

아니요, 그 상자는 은행 직원용입니다.

PHRASE VERBS

CHAPTER 7

여가

UNIT 01 여행

CHAPTER 7 여가

UNIT 01

여행

01 여행하다
02 ~를 향해 떠나다
03 이륙하다
04 착륙하다
05 출발하다
06 도착하다
07 잠시 들르다
08 연기하다
09 머물다
10 체크인 하다 / 체크아웃 하다

여행하다 01

여행을 뜻하는 **trip**은 관광이나 어떤 목적으로 짧게 다녀오는 것을 가리킵니다.

★ go on a trip

여행을 가다

▶ **가다** go가 타동사로 쓰일 때에는 목적어에 거리가 올 때뿐입니다. 여행이나 소풍 등은 on과 함께 써야 합니다.

My ex-girlfriend went on a trip to Brisbane once. She loved it.
내 예전 여자 친구는 브리즈번으로 여행을 갔었어. 아주 좋아했지.

+plus idioms

take a trip 여행하다

▶ trip 자체로 **여행하다**라는 의미이지만, 명사로도 표현할 수 있으며 가장 일반적으로 쓰입니다.

Where do you want to take a trip? Prague? Athens?
어디로 여행하고 싶니? 프라하? 아테네?

회화에서는 이렇게

A I'm sick of this town. I want to take a trip.
이 도시는 지겨워. 여행하고 싶다.

B My parents go on a trip every year, to Mexico.
우리 부모님은 매년 멕시코로 여행을 가셔.

A Do they have a condo there? Can we use it?
거기 콘도를 가지고 계시니? 우리가 사용해도 될까?

B No, they don't have a condo. They normally stay at a beach resort.
아니, 콘도는 없어. 보통 해변 리조트에서 머무르시거든.

~를 향해 떠나다 02

for에는 ~를 향해라는 목적지를 가리키는 의미가 있습니다.

leave for
~로 떠나다

What time do you leave for Sapporo? Is it early?
삿포로로 몇 시에 떠날 거야? 일찍 가니?

head for
~으로 향하다
▶ 목적지로 향하다(head)라는 의미입니다.

We're heading for Alaska on Tuesday. I can't wait!
화요일에 알래스카로 향할 거야. 기다릴 수가 없네!

make for
~로 가다
▶ ~를 향해 길을 간다라는 의미입니다.

Make for the border and don't look back. Just go!
국경을 향해 가면서 돌아보지 마. 그냥 가!

회화에서는 이렇게

A So, you're heading for South Korea tomorrow?

그래서, 내일 한국으로 향하는 거야?

B Yes! I leave at 6 in the morning.

네! 아침 6시에 떠나요.

A Ouch! That's an early flight.

아이고! 항공편이 이르구나.

B I don't care. I'm so excited, I probably won't sleep tonight.

괜찮아요. 신이 나는 걸요. 오늘 밤에 잠들지 못할지도 몰라요.

이륙하다 03

땅에서 분리된다는 의미로 **off**를 붙여 이륙한다는 표현이 됩니다.

★ take off

이륙하다

My plane is about to take off. I'm so excited!
비행기가 막 이륙하려고 해. 너무 흥분돼!

> **+plus idioms**
>
> **depart** 출발하다
>
> ▶ 비행기나 배 등이 출발할 때 가장 일반적으로 쓰이는 동사입니다.
>
> **Please have your tickets ready. The ship will depart in 30 minutes.**
> 표를 준비해 주세요. 배가 30분 내로 출발합니다.

회화에서는 이렇게

A My plane is going to take off now, Mom. Give me a hug!

B What time will you arrive?

A I'll arrive at about 7 p.m. My friends are meeting me at the airport.

B Have a safe trip then. And call me when you arrive in Montreal!

비행기가 이제 곧 이륙해요, 엄마. 안아주세요!

몇 시에 도착하니?

저녁 7시에 도착할 거예요. 공항에 친구들이 마중 나올 거예요.

그럼 안전한 여행 되렴. 그리고 몬트리올에 도착하면 전화해!

착륙하다 04

아래로 착륙하려면 위에서 아래로 향하기 때문에 전치사 **down**을 씁니다.

come down
착륙하다

After the plane comes down, you should stay in your seat.
비행기가 착륙한 후에도, 의자에 앉아 계셔야 합니다.

touch down
착륙하다

We'll touch down around 11 a.m. Korea time. That's 10 p.m. your time.
한국 시간으로 오전 11시쯤에 착륙할 예정입니다. 현지 시간으로는 오후 10시입니다.

+plus idioms

land 착륙하다
▶ 착륙을 의미하는 가장 일반적인 표현입니다.

When do we land in New Delhi?
언제 뉴델리에 착륙하나요?

회화에서는 이렇게

A: Uhh, excuse me? Are we landing soon?
어, 실례할게요. 곧 착륙하나요?

B: The plane will touch down in approximately 23 minutes.
비행기는 약 23분 후에 착륙합니다.

A: Okay. I'm a little scared of flying. Can I have some wine?
알겠어요. 비행이 좀 무서워서요. 와인 좀 주시겠어요?

B: I'm sorry but we aren't serving any more wine.
죄송하지만 더 이상 와인을 제공하지 않습니다.

출발하다 05

자리잡고 있다는 의미의 **set**에 전치사 **off**나 **out**을 붙여 출발한다는 표현을 만들어 봅시다.

set off

출발하다

▶ 떨어지게(off) 한다는 의미에서 **출발하다, 출발시키다**라는 의미가 있습니다.

Let's set off now before the traffic gets worse.
교통 상황이 더 나빠지기 전에 출발하자.

set out

출발하다

▶ 밖으로(out) 나간다는 의미에서 **출발하다, 시작하다**라는 의미가 있습니다.

When do you want to set out for the beach? After lunch?
언제 해변으로 떠나고 싶니? 점심 후에 갈까?

회화에서는 이렇게

A The weather for tomorrow doesn't look good.

B Stormy weather. Yeah, it might be dangerous for driving.

A In that case, let's leave on Thursday.

B Okay. We'll set out after breakfast.

내일 날씨가 좋지 않을 것 같아 보이네요.

폭풍우래요. 그래요, 운전하기에 위험할 것 같아요.

그렇다면, 목요일에 떠납시다.

좋아요. 아침 먹고 출발하죠.

도착하다

도착의 의미를 나타낼 수 있는 동사 get과 arrive에 장소나 방향을 나타내는 전치사를 붙여 표현합니다.

get to

~에 도착하다

▶ **도착하다**라는 의미의 get은 방향을 나타내는 to나 장소를 나타내는 in과 함께 씁니다.

What time did you get to the party? I didn't see you there.
몇 시에 파티 도착한 거야? 널 못 봤는데.

arrive at

~에 도착하다

▶ 특히 여정 끝에 도착하는 것을 의미하며, 장소를 나타내는 at이나 in과 함께 씁니다.

Text me when you arrive at the hotel. I want to know that you're safe.
호텔에 도착하면 문자 보내. 네가 안전한지 궁금하니까.

회화에서는 이렇게

A I can't wait to see you! When do you get to Toronto?

널 너무 만나고 싶구나! 언제 토론토에 도착하니?

B I'll arrive at Pearson Airport around 8.

피어슨 공항에 8시쯤 도착해.

A Are you looking forward to your trip?

여행 기대되지?

B Yeah, I haven't been to Canada since 2010.

그럼, 2010년 이후로 캐나다에 가질 않았으니.

잠시 들르다 07

전치사 **by**를 써서 **잠시 들르다**라는 표현을 다양하게 만들 수 있습니다.

stop by

~에 잠시 들르다

▶ 옆에(by) 멈추다(stop)라는 의미에서 **잠시 들르다**라는 뜻이 됩니다.

You're going to Seoul? You have to **stop by** Myeongdong.
서울에 가니? 꼭 명동에 들러야 해.

★ drop by

~에 잠시 들르다

▶ 옆에(by) 떨어진다(drop)는 데서 **잠시 내려서 들르다**라는 의미입니다.

We'll **drop by** your apartment if we have time.
시간이 되면 네 아파트에 잠시 들를게.

go by

~에 잠시 들르다

▶ 옆을(by) 지나간다(go)는 데서 원래 **지나가다**라는 의미로 더 많이 쓰이지만, 잠시 방문하는 것도 가리킵니다.

Yeah, we **went by** the Teddy Bear Musuem but it was closed.
네, 테디베어 박물관에 들렀는데 문을 닫았던데요.

회화에서는 이렇게

A I love London! What's the plan for today?
B First we'll **drop by** Buckingham Palace, then the London Eye.
A Can we **go by** Piccadilly Circus later?
B Sure. That'll be a good place to take pictures.

런던이 좋아! 오늘 계획은 뭐야?
우선 버킹검 궁전에 들를 거야, 그리고 나서 런던 아이야.

나중에 피카딜리 광장에 들러도 될까?
물론이지. 사진 찍기에 좋은 곳이 될 거야.

연기하다 08

중단되다라는 의미의 전치사 **off**를 이용해 예정된 일을 미룬다는 표현을 만들 수 있습니다.

★ **put off**

미루다

You put off your vacation again? What happened?
휴가를 또 연기했어? 무슨 일이야?

hold off

연기하다

Let's hold off on the amusement park today. Everyone's too tired.
오늘 놀이동산 가는 건 연기하자. 모두 너무 피곤하네.

> **+plus idioms**
>
> ### delay / postpone 연기하다
>
> ▶ 연기하다라는 의미로 쓰이는 대표적인 동사입니다. delay는 예정된 일을 지연시키거나 지체시키는 것, postpone은 사정이 생겨 그것이 완료될 때까지 계획이나 약속을 뒤로 미루는 것을 가리킵니다.
>
> There's a problem on the tracks, so the subway is delayed.
> 선로에 문제가 있어서, 지하철이 지연되고 있습니다.
>
> It's really foggy out. They might postpone your flight.
> 진짜 안개가 자욱하네. 비행을 연기할지도 모르겠어.

회화에서는 이렇게

A Aunt Edna will be late. Her flight has been delayed.
에드나 숙모 늦으실 거야. 비행기가 지연됐대.

B That's too bad. What airline is she taking? United? Delta?
그거 참 안됐네. 어떤 항공사 비행기를 타셨어? 유나이티드? 델타?

A No, she's taking Average Air.
아니, 에버리지 항공을 타셨어.

B I would never fly with them. They always postpone their flights.
난 거기 비행기는 절대 안 탈 거야. 항상 연기되거든.

머물다 09

lay over와 **stop over**는 긴 여행 중에 잠시 멈추는 것을 의미합니다.

put up at

~에 묵다

▶ 야외에서 숙소를 마련하려면 텐트를 세워야(put up) 하는데, 여기에서 재워 주거나 숙박한다는 의미가 파생되었습니다. at 뒤에 장소가 나옵니다.

My company is going to put me up at the Hilton Hotel.
우리 회사는 나를 힐튼 호텔에 묵게 할 거야.

lay over

머물다

This weather looks bad. We might be laid over in Tokyo.
날씨가 나쁜 것 같은데. 도쿄에 잠시 머물러야 할지도 몰라.

★ stop over

잠시 머무르다

Sandy's flight will stop over in Dallas, so I'll go and meet her.
샌디의 항공편이 댈러스에 잠시 머물 예정이라 그녀를 만나러 갈 거야.

> (tip) **stopover**
> → 명사로 쓰이면 비행기 여행 도중 의도적으로 여행을 중단하는 도중 하차, 또는 출발지와 목적지의 중간 지점에서 24시간 이상 체류한 후 다음 날 출발하는 것을 의미합니다.

회화에서는 이렇게

A "Attention passengers...there is a snow storm in Chicago..."

"승객 여러분… 시카고에 눈보라가 쳐서…"

B Uh oh. We're going to be laid over.

저런. 도중에 하차할지도 모르겠네.

A "For safety reasons, we have to land in Denver."

"안전상의 이유로, 저희는 덴버에 착륙해야 합니다."

B I hope the airline puts us up at a hotel.

항공사가 호텔에 묵게 해 주면 좋겠구나.

체크인 하다 / 체크아웃 하다

★ **check in**

체크인 하다
▶ 예약을 확인(check)하고 호텔 안으로(in) 들어가는 것을 의미합니다.

What time can we check in? Is 10 too early?
몇 시에 체크인 할 수 있죠? 10시는 너무 이른가요?

★ **check out**

체크아웃 하다
▶ 숙박료 지불을 확인(check)하고 호텔 밖으로(out) 나오는 것을 의미합니다.

I usually don't clean up my hotel room before I check out.
나는 보통 체크아웃 하기 전까지 호텔 방을 치우지 않는다.

회화에서는 이렇게

A Hi there. I'd like to check in. My name is Costner.
안녕하세요. 체크인 하려고요. 이름은 코스트너입니다.

B Yes, Mr. Costner. You have a reservation for 3 nights.
네, 코스트너 씨. 3박 예약하셨군요.

A That's right. When do I have to check out?
맞습니다. 언제 체크아웃 해야 하죠?

B The check-out time is 11 a.m. Enjoy your stay.
체크아웃 시간은 오전 11시입니다. 즐거운 시간 되십시오.

PHRASE VERBS

CHAPTER
8

네트워크

UNIT 01 컴퓨터
UNIT 02 인터넷

CHAPTER 8 네트워크

UNIT 01

컴퓨터

01 (컴퓨터를) 켜다
02 (컴퓨터를) 끄다
03 설치하다
04 백업하다
05 바이러스를 점검하다
06 고장 나다

(컴퓨터를) 켜다 01

on은 작동 중인 상태로 만드는 것을 의미합니다.

★ **turn on**

켜다

Can you turn on the television? I want to watch The Simpsons.
TV 좀 켜 줄래? 〈심슨〉을 보고 싶은데.

switch on

스위치를 켜다

Did you switch on that fan? It wasn't on earlier.
저 선풍기를 켰니? 전에는 꺼져 있던데.

회화 에서는 이렇게

A Hello, customer service? My computer won't turn on.

B Alright then. Is your computer plugged in?

A Wow…I'm so embarrassed. No, it's not plugged in.

B That's your answer then. Plug it in and switch it on.

여보세요, 고객서비스죠? 컴퓨터가 켜지지 않아요.

알겠습니다. 컴퓨터 전원 플러그가 꽂혀 있나요?

앗… 죄송합니다. 플러그가 꽂혀 있지 않네요.

그럼 해결되었네요. 플러그를 연결하고 스위치를 켜세요.

(컴퓨터를) 끄다 02

off는 on의 반대 의미로 꺼져 있는 상태로 만드는 것을 의미합니다.

turn off

끄다

Our teacher makes us turn off our cell phones in class.
선생님은 우리에게 교실에서 휴대 전화를 끄도록 하신다.

switch off

(스위치를 눌러서) 끄다

Switch off the air conditioner while you're sleeping. It costs too much.
자는 동안에는 에어컨을 끄세요. 전기요금이 너무 많이 나오거든요.

회화에서는 이렇게

A Please turn off your computer when you're not using it.

사용하지 않을 때는 컴퓨터를 꺼 주세요.

B It's more convenient if it's left on.

켜 놓은 채로 두면 더 편한데요.

A Yes, but machines consume power and power costs money.

그렇죠, 하지만 기계는 전력을 소비하고 전력은 돈이 들잖아요.

B Okay, I'll try to remember.

알았어요, 기억하도록 할 게요.

설치하다 03

준비하여 세우다라는 의미의 **set up**이나 ~에 놓다라는 의미의 **put in**을 이용하여 설치하다라는 표현이 됩니다.

★ set up

설치하다

▶ 기계나 장비 등을 설치한다는 의미가 됩니다.

Finally, summer is here! I'll set up the barbecue.
드디어, 여름이 왔어! 바비큐를 설치할 거야.

put in

~에 설치하다

My laptop is pretty old. You can't put a DVD in it.
내 노트북은 매우 낡았어. DVD를 설치할 수 없어.

+plus idioms

install 설치하다

▶ install과 set up은 모두 우리말로 **설치하다**라고 하지만 컴퓨터에서는 의미의 차이가 있습니다. install이 프로그램의 기초 데이터를 컴퓨터에 넣는 **설치** 작업이라면, set up은 데이터를 사용자 환경에 맞게 조정하는 **설정** 작업에 해당합니다. 즉 install 후에 set up 과정을 진행하게 됩니다.

How can I install that translation program on my smartphone?
어떻게 하면 내 스마트폰에 번역 프로그램을 설치할 수 있어요?

회화에서는 이렇게

A How do I upload my photos to the computer?
컴퓨터에 사진을 업로드 하려면 어떻게 해?

B First, you have to install your camera's photo software.
우선, 카메라의 사진 소프트웨어를 설치해야 해.

A It's already installed. Now what?
벌써 설치했어. 이제 뭘 하지?

B Now you have to set up the program. Can you click on it?
이제 프로그램을 설정해야지. 프로그램을 클릭해 볼래?

백업하다 04

★ **back up**

백업하다

▶ 파일이나 프로그램의 복사본을 만들어서 예비품(backup)을 준비해 놓는 것을 말합니다.

Don't forget to back up all your important files…just in case.
네 중요한 파일들 백업하는 것 잊지 마… 만약을 위해서.

회화에서는 이렇게

A Arghhhh! My music files are gone!
B What are you talking about? Didn't you back them up?
A No. Do you back up your files?
B Of course! It's the most basic rule of computing.

어라! 내 음악 파일이 사라졌어!

무슨 말이야? 백업하지 않았어?

아니. 넌 백업하니?

물론! 컴퓨터 사용의 가장 기본적인 규칙이잖아.

UNIT 01 컴퓨터

바이러스를 점검하다 05

check for viruses

바이러스를 점검하다

▶ 바이러스에 대해(for) 점검하다(check)라는 뜻입니다.

This program automatically checks for viruses.
이 프로그램은 자동적으로 바이러스를 점검한다.

+plus idioms

cure a virus 바이러스를 치료하다

▶ 바이러스가 발견되면 치료가 필요하겠죠. 컴퓨터 바이러스 치료에 쓰이는 일반적인 단어는 cure입니다.

Do you know how to cure a virus? Do I need a special program?
바이러스 치료법 알아? 특별한 프로그램이 필요해?

회화에서는 이렇게

A What's that on your monitor?

B It's a security program. It's checking for viruses.

A Cool. So if the program finds a virus, will it get rid of it?

B I hope so. It might not cure a new virus though.

네 모니터에 떠 있는 저건 뭐니?

보안 프로그램이야. 바이러스를 점검하고 있어.

멋진데. 그래서 프로그램이 바이러스를 발견하면, 삭제하는 거야?

그러면 좋을 텐데. 새로운 바이러스는 치료하지 못할지도 몰라.

고장 나다

break down

고장 나다

▶ 깨어져서(break) 무너져 내린다(down)는 의미로, 기계의 경우 **고장 나다**라는 뜻으로 쓰입니다.

I didn't take care of my computer so it broke down.
내 컴퓨터를 신경 쓰지 않았더니 고장 나 버렸다.

+plus idioms

out of order 고장 난

▶ **고장 난**이라는 형용사 의미를 가진 표현입니다.

The elevator's out of order. You'll have to take the stairs.
엘리베이터가 고장 났어요. 계단을 이용해야 해요.

회화에서는 이렇게

A Don't bother using that computer. It's out of order.

B When did it break down?

A Just recently. I think the C drive is damaged.

B Can I look at it? I used to work at a computer shop.

저 컴퓨터 괜히 사용하려고 하지 마. 고장 났거든.

언제 고장 났는데?

바로 얼마 전에. C 드라이브가 손상된 것 같아.

내가 봐도 돼? 컴퓨터 매장에서 일한 적이 있거든.

CHAPTER 8 네트워크

UNIT 02

인터넷

01 접속하다
02 로그인 하다
03 로그아웃 하다
04 가입하다

접속하다 01

전화나 인터넷에 연결된다는 의미로 get on이나 connect to라는 표현이 있습니다.

★ get on

접속하다

I've been on this website for 3 hours. When did you get on here?
이 사이트에 세 시간 동안 있었는데. 넌 언제 접속했니?

connect to

~에 접속하다

K-pop is more popular now since so many people can connect to YouTube.
많은 사람들이 유튜브에 접속하게 되면서 K-pop이 더 유명해졌다.

tap into

~에 접근하다, 활용하다

▶ ~을 두드려서(tap) ~로 들어간다(into)라는 의미로, 특히 스마트폰을 이용해 접속할 때 쓰는 표현입니다.

Man, this site is amazing! You really tapped into something special.
이봐, 이 사이트 멋진데! 너 정말 특별한 곳에 접속했구나.

회화에서는 이렇게

A It's expensive to talk to my family overseas.
외국에 있는 가족들과 대화하려면 돈이 많이 들어.

B You should get on TeleSky. You can make free internet phone calls.
텔레스카이에 접속해. 공짜 인터넷 전화를 할 수 있어.

A Free? Nothing is free.
공짜라고? 공짜는 없는 법이지.

B No, I'm serious. Tap into TeleSky and you'll save a lot of money.
아니, 정말이야. 텔레스카이에 접속하면 돈을 많이 절약하게 될 거야.

로그인 하다 02

아이디와 비밀번호를 입력하고 사이트나 시스템에 접속하는 것을 log in 혹은 log on이라고 합니다. 두 표현 모두 별 차이 없이 쓰입니다.

log in

로그인 하다

I can't log in right now. I forgot my password.
지금 로그인 할 수 없어. 비밀번호를 잊어버렸어.

★ log on

로그인 하다

Did you log on the game yet? I don't see your character here.
게임에 로그인했니? 여기에서는 네 캐릭터가 보이지 않는데.

sign in

로그인 하다

▶ 이름을 쓰고 사이트에 들어간다는 뜻으로, log in의 의미로 sign in을 사용하는 사이트도 있습니다.

You must sign in to make comments.
댓글을 남기려면 로그인 해야 한다.

회화에서는 이렇게

A What's up, Ryu? Did you get your exam scores yet?

잘 지냈어, 류? 시험 점수 벌써 받았니?

B Yeah, I logged on the university website and got them.

응, 대학교 사이트에 로그인 해서 받았어.

A How do you do that?

어떻게 했니?

B Do you see this screen? Log in here using your name and student number.

이 화면 보이지? 네 이름과 학생 번호를 써서 로그인 해.

로그아웃 하다 03

로그인 하다와 마찬가지로 시스템에서 나오다(out)는 의미에서 **log out**, 접속을 끊다(off)는 의미에서 **log off**라는 두 가지 표현이 별 차이 없이 혼용되어 쓰입니다.

log out

로그아웃 하다

> Sorry I didn't see your email. I guess I logged out before it arrived.
> 네 이메일을 못 봐서 미안해. 메일이 오기 전에 내가 로그아웃 한 것 같은데.

log off

로그아웃 하다

> I can't chat for very long. I have to log off.
> 오래 대화할 수가 없어. 접속을 끊어야 해.

sign out

로그아웃 하다

▶ sign in와 반대되는 의미입니다.

> You're still on that dating site? I thought you signed out hours ago.
> 아직도 그 데이트 사이트에 있는 거야? 몇 시간 전에 나왔다고 생각했는데.

회화에서는 이렇게

A Okay everyone! Class is finished so log out of the system.
좋아요 여러분! 수업이 끝났으니 로그아웃 하세요.

B I can't log off.
로그아웃이 안 되는데요.

A Just go to the main menu and click "Log Out."
메인 메뉴로 바로 가서 "로그아웃" 버튼을 클릭하면 되요.

B I know but I can't. The screen is frozen.
알고 있지만 안 되는데요. 화면이 멈춰 버렸어요.

가입하다 04

이름과 개인 정보를 적고 새로운 아이디를 만들어 등록하는 것을 의미합니다.

★ sign up

가입하다

▶ join 혹은 register라는 메뉴로 표시하는 사이트도 있습니다.

If you want to make an appointment online, you should sign up at White-hospital.com.
온라인 예약을 하려면 〈화이트호스피탈닷컴〉에 가입해야 합니다.

  회원 탈퇴는 영어로 무엇?

→ 보통 웹사이트에 회원 가입 메뉴는 있지만 회원 탈퇴 메뉴는 없는 경우가 대부분입니다. 회원 탈퇴를 원할 때에는 직접 메일을 보내 회원 탈퇴 의사를 밝히는 방법을 쓸 수 있습니다. 탈퇴하다라는 뜻으로는 secede, leave, cancel membership, terminate membership 등의 표현을 사용합니다.

회화에서는 이렇게

A Hey Darren. I saw you on Facechat a few days ago.

B Yeah, I usually sign in before I go to bed.

A You weren't on for very long though.

B No, I'm not a big FaceChat fan. I only signed up to say hi to some friends.

안녕 대런. 며칠 전에 〈페이스챗〉에서 널 봤어.

응, 보통 잠들기 전에 들어가곤 해.

그런데 오랫동안 접속해 있진 않던데.

응, 난 페이스챗 광팬은 아니거든. 가입해서 몇 명이랑 인사 나눴을 뿐이야.

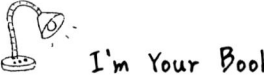 I'm Your Book

PHRASE VERBS

부록

- 필수 전치사 마스터하기
- 찾아보기 – ㄱㄴㄷ 순
- 찾아보기 – abc 순

up ⁰¹

위로

기본적으로 **위로**라는 의미입니다. 방향뿐만 아니라 위로 움직이는 이동도 해당됩니다.

Get up now, or you'll be late.
일어나, 늦겠어.

I'm not shopping here anymore. They keep marking up their clothes.
더 이상 여기에서 쇼핑하지 않을 거야. 옷의 가격을 계속 **올리거든**.

> 동사+up   grow up 성장하다 | hang up 걸다, 전화를 끊다 | look up 올려다 보다 | pick up 집어 올리다, 태우러 가다, (재주나 기술을) 익히다 | move up 승진하다

완전히

추상적으로는 성장의 의미, 계속 위로 움직이다 보면 끝까지 도달하게 되므로, **완전히**라는 의미로도 확장됩니다.

I don't want to grow up. I want to be young forever.
난 **어른이 되고** 싶지 않아. 언제나 어린 채 있고 싶어.

Eat up your vegetables and you can have dessert.
채소를 **다 먹어야** 디저트를 먹을 수 있어.

> 동사+up   draw up 작성하다 | drink up 모두 마시다 | fill up 채우다 | give up 포기하다 | pay up 돈을 다 갚다 | stay up 자지 않고 깨어 있다

down 02

아래로

up의 반대로 **아래로**라는 의미를 가지고 있습니다. 아래쪽으로의 방향과 아래로 움직이는 이동성도 포함됩니다.

After the plane comes down, you should stay in your seat.
비행기가 **착륙한** 후에도, 의자에 앉아 계셔야 합니다.

Can you write that down for me? I forgot to bring a pen.
날 위해 **받아 적어** 줄래? 펜 가져오는 걸 잊어버렸어.

(동사+down) lie down 눕다 | look down 내려다보다 | put down 내려놓다, 적다 | run down 달려 내려가다 | sit down 앉다

바닥에

추상적으로 축소의 의미, 계속 떨어지게 되면 **바닥에** 닿게 되기 때문에 파괴, 소멸, 진정의 의미로도 확장됩니다.

I didn't take care of my computer so it broke down.
내 컴퓨터를 신경 쓰지 않았더니 **고장 나** 버렸다.

Everyone calm down! It's not a real fire alarm.
모두 **진정하세요**! 실제 화재 경보가 아닙니다.

(동사+down) cool down 진정하다 | cut down on ~을 줄이다 | price down 가격을 깎다 | settle down 정착하다, 진정시키다 | slow down 속도를 늦추다

in ⁰³

~안에

~안에, ~에라는 의미는 공간적인 장소뿐 아니라, 시간적인 범위를 나타냅니다. 또한 경계가 분명한 영역에서 그 영역 안을 뜻하기도 합니다.

I'm from Australia but I live in France.
나는 호주 출신이지만 프랑스에 산다.

We turned in our building design but it wasn't finished.
우리 빌딩 디자인을 제출했는 데 마무리되지 않았어.

(동사+in) hand in 제출하다 | sleep in 늦잠 자다 | fill in 기입하다 | go in 타고 가다

~안으로

~안으로 움직이는 동작을 표현합니다.

Don't breathe in that dirty air.
저 더러운 공기를 들이마시지 마.

I will never get in a car with him. He drives too fast.
난 절대 그와 차에 타지 않을 거야. 운전을 너무 빨리 해.

(동사+in) bring in 들여오다 | hop in 뛰어 올라타다 | log in 로그인 하다 | see in 맞이하다

~분야에서

어떤 분야에 속해 있다는 소속을 나타냅니다.

I'm majoring in finance. I want to be a stock-broker.
전 재정학을 전공하고 있어요. 증권 중개인이 되고 싶어요.

I hope to work in marketing after I graduate from college.
대학을 졸업한 후 마케팅 분야에서 일하고 싶어요.

(동사+in) fail in 실패하다 | deal in 거래하다 | enroll in 수강신청을 하다

out 04

밖에

공간적으로 안의 반대 개념인 **~밖에**를 의미합니다. in과 반대로 영역 밖에 있는 것을 가리키기도 합니다.

Our family eats out once a week.
우리 가족은 일주일에 한 번 **외식한다**.

How often do you work out? Twice a week?
얼마나 자주 **운동하니**? 일주일에 두 번?

동사+out ask out 데이트 신청하다 | be out 부재중이다 | look out 조심하다

밖으로

~밖으로 움직이는 동작을 표현합니다.

Let's figure out this problem together. Two heads are better than one.
이 문제를 함께 **해결해 보자**. 백지장도 맞들면 낫다잖아.

His cat scratched me and I screamed out.
그의 고양이가 나를 할퀴어서 **고함을 질렀다**.

동사+out breathe out 숨을 내쉬다 | cry out 소리치다 | see out 배웅하다

완전히

밖으로 나가서 계속 가다 보면 끝나는 시점이 오겠지요. **완전히 하다, 다 하다**라는 의미로 동사를 강조합니다.

We clean out the garage when the weather is nice.
우리는 날씨가 좋을 때 창고를 **깨끗이 치운다**.

동사+out black out 기절하다 | fill out 작성하다 | hear out 끝까지 듣다

on [05]

위에

기본적으로 ~위에라는 의미인데, 공간적으로 위쪽이 아니어도 접촉해 붙어 있는 모습을 나타냅니다. 신체와 접촉할 때 **착용**의 의미로 확장됩니다.

We lie on mats for our yoga lesson.
우리는 요가 수업 때문에 매트 **위에** 눕는다.

It's cold outside. Put your coat on.
밖의 날씨가 추워. 코트를 **입으렴**.

> 동사+on get on ~에 타다 | have on 입고 있다 | lie on ~위에 눕다 | sit on ~위에 앉다

진행 중인

작동되고 있는 상태, **진행 중**이거나 계속 되는 상태를 나타냅니다.

They looked on the car accident with horror.
그들은 두려워서 교통사고를 **구경만 했다**.

This university class is hard but I'll carry on with it.
이 대학 수업은 어렵지만 난 **계속 할** 것이다.

> 동사+on drive on 계속 운전하다 | dwell on 곰곰이 생각하다 |
> hang on 전화를 끊지 않고 기다리다 | go on 계속 하다 | work on 노력하다

대하여

접촉의 의미에서 확장되어 **대상과의 관계**를 표현합니다.

Let me congratulate you on this special day.
이 특별한 날을 **축하해**.

> 동사+on agree on 동의하다 | bail on 바람맞히다 | compliment on 칭찬하다 |
> concerntrate on 집중하다 | focus on 집중하다 | insist on 주장하다

off

분리되어

on이 접촉의 의미라면 off는 반대로 **분리**를 의미합니다.

He pulled off his gloves to shake hands.
그는 악수를 하려고 장갑을 **벗었다**.

My plane is about to take off. I'm so excited!
비행기가 막 **이륙하려고** 해. 너무 흥분돼!

동사+off get off 내리다 | laugh off 웃어넘기다 | let off 내려 주다 | set off 출발하다 | throw off 벗어 던지다 | wash off 물로 씻어내다

단절되어

사물뿐만 아니라 일이나 관계, 인연 등이 **중단**되거나 **단절**되는 의미로 확장됩니다.

His business trip was called off. So yes, he'll be home tomorrow.
그의 출장이 **취소됐어**. 그러니까, 맞아, 그는 내일 집에 있을 거야.

Don't worry. If I get laid off, I can work for my uncle.
걱정지지 마. 나는 **해고되어도** 삼촌네 회사에서 일할 수 있거든.

동사+off finish off ~을 마치다 | hold off 연기하다 | see off 전송하다 | set off 출발하다 | pay off 돈을 갚다 | put off 연기하다

from

~부터

공간적으로는 **출발지**를, 시간적으로는 **시작점**을 나타내며 사람이나 장소와 함께 쓰이면 **출처**를 의미하기도 합니다.

I come from a small town in Canada.
저는 캐나다의 작은 도시 **출신입니다**.

How much did you withdraw from the bank?
은행에서 얼마나 **인출했니**?

[동사+from] be from ~ 출신이다 | hear from 소식을 듣다 | live away from ~와 떨어져 살다

~로부터

분리되거나 변화될 때 **그 전 상태**, 또는 화학적 변화의 원료를 나타냅니다.

When did you graduate from university?
언제 대학을 **졸업했어요**?

[동사+from] dismiss from 해고하다 | recover from 회복하다 | resign from 퇴직하다 | retire from 은퇴하다 | separate from ~에서 분리하다

~와

둘 사이의 차이점을 나타내거나 구별할 때 **~와(다른)**의 의미로 쓰입니다.

All the houses look the same. I can't tell hers from yours.
모든 집들이 똑같아 보여. 그녀의 집과 네 집을 **구별할** 수 없어.

[동사+from] distinguish A from B A와 B를 구별하다 | know A from B A와 B를 구별하다

to 08

~로

이동 방향이나 위치를 나타내어 **~로, ~쪽으로**라는 의미입니다. **~까지**는 도착점을 표현하기도 합니다.

I'm going to move to another city next year.
내년에 다른 도시로 **이사할** 거야.

What time did you get to the party? I didn't see you there.
몇 시에 파티 **도착한** 거야? 널 못 봤는데.

> 동사+to   drive up to ~까지 가다 | get back to ~로 돌아가다 | get to ~에 도착하다 | move to ~로 이사하다 | return to ~로 돌아가다

~에게

행동의 대상이나 **행동의 영향을 받는 대상**을 나타냅니다.

I don't reply to stupid questions.
난 멍청한 질문에는 **대답하지** 않는다.

The lawyer appealed to the jury for mercy.
변호사는 배심원에게 자비를 **호소했다**.

> 동사+to   agree to 동의하다 | appeal to 호소하다 | object to 반대하다 | propose to 청혼하다 | respond to 대답하다 | speak to 말하다

over ⁰⁹

~위에

on처럼 접촉해 있는 것이 아닌 대상에서 떨어진 **위쪽**에 드리워져 있거나 덮고 있는 상황을 표현합니다. 또한 추상적으로 머무르는 상황이라는 의미로 확장됩니다.

Sandy's flight will stop over in Dallas, so I'll go and meet her.
샌디의 항공편이 댈러스에 **잠시 머물** 예정이라 그녀를 만나러 갈 거야.

동사+over ask over 초대하다 | lay over 머물다 | pull over 주차하다

~을 넘어

한쪽에서 다른 쪽으로 **건너갈** 때, 혹은 장애물 위로 넘어가거나 정신적인 어려움을 **극복**하는 의미로 쓰입니다.

I'm still sneezing and coughing. I'm never going to get over this cold.
계속 콧물이 나고 기침을 해요. 감기를 **이겨내지** 못하겠어요.

Excuse me? You just ran over my son's bicycle.
잠시만요? 당신이 막 제 아들의 자전거를 **쳤어요**.

동사+over win over 설득하다

계속하여

같은 행동을 **줄곧 계속하거나 여러 번 반복하는** 진행의 의미인데, 여러 번 반복함으로써 깊이, 철저하게 한다는 뜻으로도 확장됩니다.

It's a hard decision. Think it over and tell me tomorrow.
어려운 결정이야. **심사숙고** 해서 내일 내게 말해 줘.

동사+over go over 검토하다 | look over 살펴보다 | mull over 곰곰이 생각하다 | talk over 상의하다 | think over 곰곰이 생각하다

into 10

~안으로

공간의 in과 이동과 방향의 to가 합쳐져 ~안으로, ~을 향해라는 동작이 강조됩니다.

Man, this site is amazing! You really tapped into something special.
이봐, 이 사이트 멋진데! 너 정말 특별한 곳에 **접속했구나**.

동사+into **get into** 입학하다 | **move into** 이사하다 | **pull into** 도착하다

충돌하여

움직이다가 충돌하거나 접촉하게 되는 지점을 나타냅니다.

I'm terrible at parking. I always bump into other cars.
난 주차하는 게 형편없어. 항상 다른 차에 쿵 하고 **부딪쳐**.

동사+into **break into** 갑자기 시작하다 | **burst into** 갑자기 감정을 터뜨리다 | **run into** 충돌하다, 우연히 만나다

~에 대하여

주로 조사 등의 행동에서 대상을 나타냅니다.

I'm starting a business. There are a lot of things to look into.
사업을 시작하려고 합니다. **조사할** 것들이 많이 있어요.

동사+into **inquire into** 조사하다 | **search into** 조사하다

for [11]

~을 위해

행동의 대상이나 목적을 표현합니다.

I came for my sister. I'm driving her home.
여동생을 데리러 **왔어요**. 집에 데려다 주려고요.

I work for a company that makes kitchen supplies.
나는 주방용품을 만드는 회사에서 **일한다**.

(동사+for) apply for 신청하다 | care for 돌보다 | go for ~하러 가다, 수강하다 |
look for 찾다 | opt for 선택하다 | prepare for 준비하다

~에 대해

행동의 내용이나 이유를 나타냅니다.

I'd like to apologize for eating all the cake.
내가 케이크 전부를 먹은 것에 대해 **사과하고** 싶어.

Don't blame me for deleting your file. I didn't touch your computer.
네 파일을 지웠다고 **비난하지** 마. 네 컴퓨터를 만진 적도 없어.

(동사+for) criticize A for B A를 B에 대해 비난하다 | feel for 동정하다 |
mistake A for B A를 B라고 오해하다 | thank for 감사하다

~을 향해

목적지를 나타냅니다.

What time do you leave for Sapporo? Is it early?
삿포로로 몇 시에 **떠날** 거야? 일찍 가나?

(동사+for) head for ~를 향해 떠나다 | make for ~를 향해 떠나다

against

~에 반대하여

찬성의 for와 반대되는 개념으로, **~에 반대하여, 맞서**라는 의미입니다.

He argues against every suggestion I make.
그는 모든 제안에 **반대 의견을 말한다**.

They turned against each other because of money.
그들은 돈 때문에 서로에게서 **등을 돌렸다**.

I hate crowded subways. Everyone's always pushing against each other.
지하철이 붐비는 것이 싫어. 모두들 항상 서로 **밀어붙이거든**.

> 동사+against go against 반대하다 | opt against 선택하지 않다 | speak against 반대 의견을 말하다

along

원만한 관계

길이나 강처럼 길게 뻗은 대상을 따라 **나란히 움직이는 것**을 의미합니다. 강물을 따라 가듯 **~와 원만한 관계**를 유지하는 모습을 나타내기도 하여 잘 지내다, 잘 어울리다 등의 의미를 표현합니다.

You and your classmates don't get along very well, do you?
넌 반 친구들이랑 **사이좋게 지내지** 않는구나, 그렇지?

by [14]

~옆에

공간적으로 어떤 대상의 **옆에 있음**을 표현합니다.

I don't want to sit by him. He smells like cigarette smoke.
그의 **곁에 앉고** 싶지 않아. 담배 냄새 같은 게 나거든.

Until when are you going to just stand by? Come and help me!
언제까지 **서서 구경만 할** 거야? 와서 날 좀 도와줘!

동사+by drop by 잠시 들르다 | go by 잠시 들르다 | stop by 잠시 들르다

~로

방법이나 **수단**을 나타냅니다.

How do you go to work every day? Do you go by car?
매일 어떻게 출근해요? 차를 **타고 가나요**?

동사+by get by ~로 살다 | pay by ~로 지불하다

around

~주위에

around는 **원**이라는 뜻의 round에서 파생된 말로, 대상의 둘레나 주변을 뜻합니다.

Do you want to look around the mall today?
오늘 쇼핑몰을 **둘러보고** 싶니?

동사+around   browse around 둘러보다

~주변을 돌아

주위라는 뜻에 운동성이 더해지면 그 주변을 도는 모습을 나타냅니다. 원을 돌아 다시 제자리로 돌아오기도 합니다.

Do you think I like being dragged around all day? Think again.
내가 종일 여기저기 **끌려 다니는** 것을 좋아한다고 생각하니? 다시 생각해 봐.

Don't hang around here anymore! Go home now!
더 이상 여기서 **서성거리지** 마! 집에 가라고!

동사+around   bring around 소생하다 | come around 소생하다 |
              hang around 서성거리다 | pull around 끌고 다니다

at [16]

~에

점을 나타내는 at은 공간적으로는 **좁은 장소**를, 시간적으로는 **짧은 시점**을 나타냅니다.

How about we eat at Chicken Heaven tonight?
오늘 저녁에 〈치킨 헤븐〉에서 먹는 건 어때요?

Text me when you arrive at the hotel. I want to know that you're safe.
호텔에 **도착하면** 문자 보내. 네가 안전한지 궁금하니까.

동사+at | put up at ~에 묵다 | work at ~에서 일하다

~을 목표로

점을 가리킨다는 의미에서 **목표물이나 행동의 대상**이 되기도 합니다.

Don't look straight at the sun. You'll hurt your eyes.
태양을 직접 **보지 마**. 네 눈이 상할 거야.

That guy is strange. He keeps staring at me.
저 남자는 이상해. 계속 나를 **쳐다봐**.

동사+at | gaze at 빤히 쳐다보다 | glance at 힐끔 쳐다보다 | laugh at ~을 보고 웃다 | smile at ~을 보고 웃다

away

멀리

시간적 공간적으로 멀어지는 것을 표현합니다. 특히 서서히 진행되는 분리를 의미합니다.

Don't throw away those magazines. I want to read them.
저 잡지들 **버리지** 마. 내가 읽을 거니까.

Don't drive away. I have to pick up some dessert at the bakery.
가 **버리면** 안 돼. 빵집에서 후식을 좀 사야 하거든.

동사+away | live away from 살다 | take away 가져가다

소멸하여

계속 멀어지다 보면 언젠가 보이지 않게 되는 순간이 오겠죠. 따라서 사라진다는 **소멸**의 의미도 표현합니다.

Did you hear that Mr. Carson passed away? He looked so young.
카슨 씨가 **돌아가신** 거 들었어요? 젊어 보였는데.

동사+away | throw away 버리다

외면하여

떨어져 있는 대상과는 관계가 멀어진다는 것에서 **회피나 외면**의 뜻을 나타내기도 합니다.

Don't look away from me! I'm talking to you!
날 **외면하지** 마! 네게 말하는 중이잖아!

동사+away | turn away from 외면하다

with [18]

~와 함께

기본적으로 ~와 함께라는 동반의 의미입니다. 행동의 대상이나 대립 관계의 상대방을 의미하기도 합니다.

What's wrong? Did you argue with your boyfriend again?
무슨 일이야? 네 남자 친구와 또 **말다툼 했니**?

How do you correspond with them? Email? Letters?
그들과 어떻게 **연락하니**? 이메일? 편지?

I could never part with Angela. She's the love of my life.
난 결코 안젤라와 **헤어질** 수 없어. 그는 내 평생의 사랑이야.

(동사+with) communicate with 편지를 교환하다 | fall in love with 좋아하다 | get on with 어울려 지내다 | go out with ~와 데이트를 하다

~에 대해

행동의 내용이나 경우에 따라 그 **대상**을 표현합니다.

How do you deal with lazy employees?
게으른 종업원들을 어떻게 **처리합니까**?

All companies have to cope with competition.
회사는 경쟁에 **대처해야** 한다.

(동사+with) agree with 동의하다 | come up with 생각해 내다 | disagree with 반대하다 | keep up with ~에 뒤지지 않다 | pay with ~로 지불하다

through

통과하여

~의 한쪽 끝에서 다른 한쪽으로 **관통**하여 지나가는 것을 의미합니다. 또한 통과라는 것은 어떤 사건이나 과정을 지나가는 것이므로 **경험**의 의미로도 확장됩니다.

You don't know the number? I'm sure the operator can put you through.
번호를 모르세요? 교환원이 당신 전화를 **연결해** 줄 겁니다.

I can't get through to Viola. Her line is busy.
비올라와 **연락**이 안 **되는데**. 통화 중이야.

Cancer is a terrible disease to go through.
암은 **겪기**에 끔찍한 질병이다.

끝까지

~을 관통하다 보면 결국 맞은 편에 닿게 되겠지요. 이런 점에서 끝까지라는 **완료**를 표현하며 또한 **끝날 때까지 계속**이라는 의미도 있습니다.

Don't fall through on your responsibilities.
네 책임을 완수하지 못하면 안 돼.

back [20]

back은 품사로는 전치사가 아니지만, 동사+전치사 결합구 모양으로 많은 표현이 있어, 본 책에 수록하였습니다.

뒤로

등을 가리키는 **back**은 등이 몸의 뒤쪽에 있으므로 뒤로라는 의미가 됩니다.

It feels good to lie back in the warm grass.
따뜻한 풀밭에 반듯이 **누우면** 기분이 좋다.

[동사+back] cut back on 삭감하다

다시 돌아가

후진이라는 것은 왔던 길을 **되돌아가는** 것을 의미하지요. 이전의 장소나 상태로 되돌아가거나 과거의 시간으로 거슬러 올라가는 것을 뜻합니다.

If you're tired then go back to bed.
피곤하면 침대로 **돌아가렴**.

Whenever I hear K-pop, my mind flashes back to Korea.
K-pop를 들을 때마다, 난 한국을 **떠올리곤** 해.

[동사+back] bring back 반품하다 | get back to 돌아가다, 다시 걸다 | look back on 회상하다

대응하여

내게 한 행동을 **되받아 갚아주는 것**을 의미합니다.

I used to talk back to my parents when I was younger.
어렸을 때 부모님에게 **말대답하곤** 했다.

What is a good time to call you back?
언제 **다시 전화하면** 좋니?

[동사+back] answer back 말대꾸하다 | take back 취소하다, 반품하다 | write back 답장하다

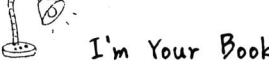 I'm Your Book

찾아보기 - ㄱㄴㄷ순

가격을 내리다 mark down ǀ price down	214	계속 하다 go on ǀ carry on ǀ keep on	117
가격을 올리다 mark up ǀ price up	213	고용하다 take on	192
가입하다 sign up	298	고자질하다 tell on ǀ rat on	146
가져가다 take out ǀ take away	255	고장 나다 break down	293
간주하다 think of A as B ǀ look upon A as B	84	고집하다 stick to ǀ cling to ǀ hold on to ǀ adhere to	112
간호하다 wait on ǀ attend to	260	곰곰이 생각하다 think over ǀ dwell on ǀ mull over	83
감사하다 thank for	132	공개적으로 말하다 speak out ǀ speak up	140
갑자기 감정을 터뜨리다 burst into	105	공부하다 brush up on ǀ pick up ǀ cram up	232
거래하다 deal with ǀ deal in	212	괴롭히다 make fun of ǀ pick on	116
거짓말하다 lie to ǀ lie about	148	교환하다 exchange A for B ǀ swap A with B	253
검토하다 look over ǀ go over	204	구경하다 look on ǀ stand by ǀ take in	97
결정하다 make up one's mind ǀ come to a decision	111	구분하다 / 구별하다 tell A from B ǀ distinguish A from B ǀ know A from B	88
결혼하다 be married to	174	기름을 채우다 fill up ǀ top off	66
경멸하다 look down on	171	기절하다 pass out ǀ black out	263

~까지 가다	72	꿈꾸다	44
go up to ǀ come up to ǀ walk up to ǀ drive up to		dream of ǀ dream about	
깎아주다	251	끌고 다니다	164
take off ǀ come down		drag around ǀ pull around	
꼬시다	161		
hit on ǀ hook up with ǀ come on to			

ㄴ

나타나다	118	노력하다	233
show up ǀ turn up		work on ǀ strive for	
내려다보다	93	누설하다	147
look down		let on	
내려 주다	61	눕다	41
let off ǀ drop off		lie down ǀ lie on ǀ lie back	
내리다	58		
get off ǀ get out of			

ㄷ

다시 걸다	155	데이트 신청하다	160
call back ǀ get back to		ask out ǀ go out with	
닦다	49	(도서관에서) 대출하다	230
wipe up ǀ mop up		check out	
달리다	80	도착하다	279
run up ǀ run down		get to ǀ arrive at	
답장하다	157	돈을 갚다	268
write back		pay off ǀ pay up	
대답하다	143	돌보다	178
reply to ǀ respond to		look after ǀ care for	
대접하다	131	돌아가다	75
treat to		go back ǀ get back to ǀ return to	

323

동의하다	201	둘러보다	248
agree with ǀ agree to ǀ agree on		look around ǀ browse around	
동정하다	104	따라가다	238
feel for ǀ sympathize for		keep up with ǀ get ahead ǀ get behind	

ㄹ

로그아웃 하다	297	~를 향해 떠나다	275
log out ǀ log off ǀ sign out		leave for ǀ head for ǀ make for	
로그인 하다	296		
log in ǀ log on ǀ sign in			

ㅁ

마무리하다	207	머물다	282
wind up ǀ wrap up		put up at ǀ lay over ǀ stop over	
마시다	27	먹다	26
drink up		eat up ǀ munch on ǀ finish off	
말다툼 하다	142	몰두하다	234
argue with ǀ quarrel with		give oneself to ǀ devote oneself to	
말대꾸하다	144	믿다	87
talk back ǀ answer back		believe in ǀ trust in ǀ count on	
말하다	132, 138	밀어붙이다	76
speak of ǀ talk about ǀ speak to ǀ talk to		push against	
맞이하다	216		
see in			

ㅂ

| 바꿔 주다 | 152 | 바람맞히다 | 165 |
| put on ǀ put through | | stand up ǀ blow off ǀ bail on | |

324 부록

바람피우다	168
cheat on	

바이러스를 점검하다	292
check for viruses	

반대하다	202
disagree with ǀ object to ǀ go against	

반품하다	254
take back ǀ bring back	

밤을 새다	42
sit up ǀ stay up	

방문하다	215
call on	

배신하다	169
turn against	

배웅하다	135
see out ǀ see off	

백업하다	291
back up	

버리다	51
throw away ǀ empty out ǀ dispose of	

벗다	29
take off ǀ throw off ǀ pull off	

병을 앓다	257
suffer from ǀ go through	

보다	92
look at	

부재중이다	196
be out ǀ be off	

분리하다 / 분류하다	89
separate from ǀ sort out ǀ classify as	

불평하다	107
complain about ǀ grumble about	

비난하다	108
blame A for B ǀ criticize A for B ǀ accuse A of B	

빤히 쳐다보다	94
stare at ǀ gaze at	

빨래를 걷다	54
bring in ǀ take in	

빨래를 널다	53
hang out ǀ hang up ǀ spread out	

빨래하다	52
wash out	

사과하다	133
apologize for	

사귀다	162
hang out with ǀ socialize with	

사망하다	264
pass away ǀ die of	

삭감하다	206
cut down on ǀ cut back on	

살다	36, 37
live in ǀ live away from	
settle down ǀ live on ǀ feed on ǀ get by	

상의하다	86
talk over ǀ consult about	

생각해 내다	85
come up with ǀ think up ǀ hit on	

서다	79
stand up	

서성거리다	74
walk around ǀ pace around ǀ hang around	

선택하다	110
pick out ǀ opt for	

설거지하다	47
wash up ǀ wash off ǀ wash out	

설득하다	211
persuade of ǀ win over ǀ prevail on	

설치하다	290
set up ǀ put in	

성공하다	114
succeed in ǀ manage to	

성장하다	177
grow up ǀ shoot up	

소개하다	128
introduce A to B ǀ present A to B	

소리치다	141
scream out ǀ yell out ǀ cry out	

소생하다	262
come around ǀ bring around	

소식을 듣다	127
hear from ǀ hear of	

소집하다	198
call up ǀ ask for	

속도를 내다	65
speed up	

속도를 줄이다	65
slow down	

수강신청을 하다	229
sign up for ǀ register for ǀ enroll in	

수강하다	228
go for	

수다를 떨다	139
talk away ǀ chat away	

수술하다	259
operate on ǀ operate for	

숨기다	147
cover up	

숨쉬다	39
breathe in ǀ breathe out	

승진하다	193
move up	

신청서를 쓰다	269
fill out ǀ fill in	

실패하다	115
fail in ǀ mess up ǀ fall through	

씻다	25
wash up	

아이를 키우다	176
bring up	

안부를 묻다	126
ask about ǀ inquire about	

앉다 sit on | sit by | sit down	78	운전하다 drive up | drive on | drive away	59
야단치다 tell off | talk down to	180	웃다 smile at | laugh at	106
어울려 지내다 get along | get on with	163	~을 생각하다 think about | think of	82
여행하다 go on a trip	274	의존하다 depend on | rely on | turn to	179
연결되다 get through | connect to	151	이륙하다 take off	276
연기하다 put off | hold off	281	이사하다 move to | move into | move out	38
엿듣다 listen in on	100	이직하다 move on	193
오해하다 mistake A for B	90	이해되다 get across | come across	237
올려다보다 look up	93	이해하다 figure out | make out	236
외면하다 look away from | turn away from	96	인출하다 take out | withdraw from	267
외식하다 eat out | dine out	40	일어나다 get up | wake up | get out of bed	24
요리하다 cook up	46	일하다 work for | work at | work in	186
용서하다 forgive for | excuse for | pardon for	134	입다 put on | have on | dress up	28
우연히 만나다 run into | bump into | run across | come across	124, 125	입학하다 get into	224
운동하다 work out | warm up	77		

자다 get to sleep | stay in bed | sleep in	33
자랑하다 show off | boast about	119
자퇴하다 drop out | give up	226
작성하다 write up | write out | draw up	239
잘 듣다 listen up | hear out	99
잠시 들르다 stop by | drop by | go by	280
잠자리에 들다 go to bed | turn in	32
잡아당기다 pull on	76
저축하다 save up | put aside | put away	266
전공하다 major in | specialize in	227
전송하다 see off	216
전화 걸다 call up | ring up | phone up	150
전화를 끊다 hang up | ring off	154
전화를 끊지 않고 기다리다 hold on | hang on	153
접속하다 get on | connect to | tap into	295
접촉하다 keep in touch with | keep in contact with	158
정리하다 straighten up | tidy up	50
정비하다 tune up	62
제안하다 bring up	199
제출하다 hand in | pass in | turn in	240
조사하다 look into | search into | inquire into	210
조심하다 watch out | look out	67
존경하다 look up to	170
졸다 doze off | nod off | drop off	43
졸업하다 graduate from	225
좋아하다 fall in love with | fall for	166
주장하다 insist on | argue for | argue against	200
주차하다 pull up | pull in | pull over | pull into	63
준비하다 prepare for	113

지불하다	250	진정하다	102
pay for ǀ pay with ǀ pay in		calm down ǀ cool down ǀ settle down	
지원하다	191	집중하다	235
apply for ǀ apply to		concentrate on ǀ focus on	
지지하다	203		
back up ǀ stand up for ǀ stand by			

ㅊ

착륙하다	277	축하하다	175
come down ǀ put down		congratulate on	
착수하다	209	출근하다	187
set about ǀ set out to ǀ get down to		go to work ǀ get to work ǀ come to work	
찾아보다	242		
look up ǀ search for ǀ look for		출발하다	278
처리하다	205	set off ǀ set out	
deal with ǀ cope with		~ 출신이다	129
청소하다	48	come from ǀ be from	
clean up ǀ clean out		출장 가다	195
청혼하다	173	go on a business trip ǀ go out of town	
propose to			
체크아웃 하다	283	충돌하다	64
check out		bump into ǀ run into ǀ run over	
체크인 하다	283	취소하다	217
check in		call off ǀ take back	
초대하다	130	칭찬하다	175
invite to ǀ ask over		compliment on	

커닝하다 243
cheat on

(컴퓨터를) 끄다 289
turn off | switch off

(컴퓨터를) 켜다 288
turn on | switch on

타고 가다 57
go by | go on | go in

타다 56
get on | get in | hop in

태우다 60
pick up | take on

털어버리다 103
laugh off | brush off

토하다 258
throw up | cough up

퇴근하다 188
get off work | get out of the office

퇴직하다 194
resign from | retire from

파산하다 218
go under

파업하다 190
go on strike

편지를 교환하다 156
correspond with | communicate with

필기하다 241
write down | take down | put down

~하러 가다 73
go for

~하러 오다 73
come for

합산하다 252
add up | figure out | total up

해고하다 192
lay off | dismiss from

~해 보다 249
try on | try out

헤어지다 167
break up | split up | part with

호소하다 appeal to | appeal for	145	회상하다 look back on | flash back to	98
화장을 지우다 take off | wash off | wipe off	31	휴가 내다 take off | have off	189
화장하다 make up | put on	30	힐끔 쳐다보다 glance at	95
회복하다 get over | recover from	261		

찾아보기 – abc순

accuse A of B 비난하다	108	apply to 지원하다	191
add up 합산하다	252	argue against 주장하다	200
adhere to 고집하다	112	argue for 주장하다	200
agree on 동의하다	201	argue with 말다툼 하다	142
agree to 동의하다	201	arrive at 도착하다	279
agree with 동의하다	201	ask about 안부를 묻다	126
answer back 말대꾸하다	144	ask for 소집하다	198
apologize for 사과하다	133	ask out 데이트 신청하다	160
appeal for 호소하다	145	ask over 초대하다	130
appeal to 호소하다	145	attend to 간호하다	260
apply for 지원하다	191		

back up 지지하다	203	breathe in 숨쉬다	39
백업하다	291	breathe out 숨쉬다	39
bail on 바람맞히다	165	bring around 소생하다	262
be from ~ 출신이다	129	bring back 반품하다	254
be married to 결혼하다	174	bring in 빨래를 걷다	54
be off 부재중이다	196	bring up 아이를 키우다	176
be out 부재중이다	196	제안하다	199
believe in 믿다	87	browse around 둘러보다	248
black out 기절하다	263	brush off 털어버리다	103
blame A for B 비난하다	108	brush up on 공부하다	232
blow off 바람맞히다	165	bump into 충돌하다	64
boast about 자랑하다	119	우연히 만나다	124
break down 고장 나다	293	burst into 갑자기 감정을 터뜨리다	105
break up 헤어지다	167		

call back 다시 걸다	155	call on 방문하다	215
call off 취소하다	217	call up 전화 걸다	150
		소집하다	198

calm down 진정하다	102	come to a decision 결정하다	111
care for 돌보다	176	come to work 출근하다	187
carry on 계속 하다	117	come up to ~까지 가다	72
chat away 수다를 떨다	139	come up with 생각해 내다	85
cheat on 바람피우다	168	communicate with 편지를 교환하다	156
커닝하다	243	complain about 불평하다	107
check for viruses 바이러스를 점검하다		compliment on 칭찬하다	175
	292	concentrate on 집중하다	235
check in 체크인하다	283	congratulate on 축하하다	175
check out (도서관에서) 대출하다	230	connect to 연결되다	151
체크아웃하다	283	접속하다	295
classify as 분리하다 / 분류하다	89	consult about 상의하다	86
clean down 청소하다	48	cook up 요리하다	46
clean out 청소하다	48	cool down 진정하다	102
clean up 청소하다	48	cope with 처리하다	205
cling to 고집하다	112	correspond with 편지를 교환하다	156
come across 우연히 만나다	125	cough up 토하다	258
이해되다	237	count on 믿다	87
come around 소생하다	262	cover up 숨기다	147
come down 깎아주다	251	cram up 공부하다	232
착륙하다	277	criticize A for B 비난하다	108
come for ~하러 오다	73	cry out 소리치다	141
come from ~ 출신이다	129	cut back on 삭감하다	206
come on to 꼬시다	161	cut down on 삭감하다	206

deal in 거래하다	212	distinguish A from B 구분하다 / 구별하다	
deal with 처리하다	205		88
거래하다	212	doze off 졸다	43
depend on 의존하다	179	drag around 끌고 다니다	164
devote oneself to 몰두하다	234	draw up 작성하다	239
die of 사망하다	264	dream about 꿈꾸다	44
dine out 외식하다	40	dream of 꿈꾸다	44
disagree with 반대하다	202	dress up 입다	28
dismiss from 해고하다	192	drink up 마시다	27
dispose of 버리다	51	drive away 운전하다	59

drive on 운전하다	59	**drop off** 졸다	43
drive up 운전하다	59	내려주다	61
drive up to ~까지 가다	72	**drop out** 자퇴하다	226
drop by 잠시 들르다	280	**dwell on** 곰곰이 생각하다	83

e

eat out 외식하다	40	**enroll in** 수강신청을 하다	229
eat up 먹다	26	**exchange A for B** 교환하다	253
empty out 버리다	51	**excuse for** 용서하다	134

f

fail in 실패하다	115	**fill in** 신청서를 쓰다	269
fall for 좋아하다	166	**fill out** 신청서를 쓰다	269
fall in love with 좋아하다	166	**fill up** 기름을 채우다	66
fall through 실패하다	115	**finish off** 먹다	26
feed on 살다	37	**flash back to** 회상하다	98
feel for 동정하다	104	**focus on** 집중하다	235
figure out 이해하다	236	**forgive for** 용서하다	134
합산하다	252		

g

gaze at 빤히 쳐다보다	94	**get on** 타다	56
get across 이해되다	237	접속하다	295
get ahead 따라가다	238	**get on with** 어울려 지내다	163
get along 어울려 지내다	163	**get out of** 내리다	58
get back to 돌아가다	75	**get out of bed** 일어나다	24
다시 걸다	155	**get out of the office** 퇴근하다	188
get behind 따라가다	238	**get over** 회복하다	261
get by 살다	37	**get through (to)** 연결되다	151
get down to 착수하다	209	**get to** 도착하다	279
get in 타다	56	**get to sleep** 자다	33
get into 입학하다	224	**get to work** 출근하다	187
get off 내리다	58	**get up** 일어나다	24
get off work 퇴근하다	188	**give oneself to** 몰두하다	234

give up 자퇴하다	226	go on strike 파업하다	190
glance at 힐끔 쳐다보다	95	go out of town 출장 가다	195
go against 반대하다	202	go out with 데이트 신청하다	160
go back to 돌아가다	75	go over 검토하다	204
go by 타고 가다	57	go through 병을 앓다	257
잠시 들르다	280	go to bed 잠자리에 들다	32
go for ~하러 가다	73	go to work 출근하다	187
수강하다	228	go under 파산하다	218
go in 타고 가다	57	go up to ~까지 가다	72
go on 타고 가다	57	graduate from 졸업하다	225
계속 하다	117	grow up 성장하다	177
go on a business trip 출장 가다	195	grumble about 불평하다	107
go on a trip 여행하다	274		

h

hand in 제출하다	240	hear from 소식을 듣다	127
hang around 서성거리다	74	hear of 소식을 듣다	127
hang on 전화를 끊지 않고 기다리다	153	hear out 잘 듣다	99
hang out 빨래를 널다	53	hit on 생각해 내다	85
hang out with 사귀다	162	꼬시다	161
hang up 빨래를 널다	53	hold off 연기하다	281
전화를 끊다	154	hold on 전화를 끊지 않고 기다리다	153
have off 휴가 내다	189	hold on to 고집하다	112
have on 입다	28	hook up with 꼬시다	161
head for ~를 향해 떠나다	275	hop in 타다	56

i

inquire about 안부를 묻다	126	introduce A to B 소개하다	128
inquire into 조사하다	210	invite to 초대하다	130
insist on 주장하다	200		

k

keep in contact with 접촉하다	158	keep up with 따라가다	238
keep in touch with 접촉하다	158	know A from B 구분하다 / 구별하다	88
keep on 계속 하다	117		

laugh at 웃다	106
laugh off 털어버리다	103
lay off 해고하다	192
lay over 머물다	282
leave for ~를 향해 떠나다	275
let off 내려주다	61
let on 누설하다	147
lie about 거짓말하다	148
lie back 눕다	41
lie down 눕다	41
lie on 눕다	41
lie to 거짓말하다	148
listen in on 엿듣다	100
listen up 잘 듣다	99
live away from 살다	36
live in 살다	36
live on 살다	37
log in 로그인 하다	296
log off 로그아웃 하다	297
log on 로그인 하다	296
log out 로그아웃 하다	297
look after 돌보다	178
look around 둘러보다	248
look at 보다	92
look away (from) 외면하다	96
look back on 회상하다	98
look down 내려다보다	93
look down on 경멸하다	171
look for 찾아보다	242
look into 조사하다	210
look on 구경하다	97
look out 조심하다	67
look over 검토하다	204
look up 올려다보다	93
찾아보다	242
look up to 존경하다	170
look upon A as B 간주하다	84

major in 전공하다	227
make for ~를 향해 떠나다	275
make fun of 괴롭히다	116
make out 이해하다	236
make up 화장하다	30
make up one's mind 결정하다	111
manage to 성공하다	114
mark down 가격을 내리다	214
mark up 가격을 올리다	213
mess up 실패하다	115
mistake A for B 오해하다	90
mop up 닦다	49
move into 이사하다	38
move on 이직하다	193
move out 이사하다	38
move to 이사하다	38
move up 승진하다	193
mull over 곰곰이 생각하다	83
munch on 먹다	26

nod off 졸다 43

object to 반대하다	202	**operate on** 수술하다	259
operate for 수술하다	259	**opt for** 선택하다	110

pace around 서성거리다	74	**price up** 가격을 올리다	213
pardon for 용서하다	134	**propose to** 청혼하다	173
part with 헤어지다	167	**pull around** 끌고 다니다	164
pass away 사망하다	264	**pull in** 주차하다	63
pass in 제출하다	240	**pull into** 주차하다	63
pass out 기절하다	263	**pull off** 벗다	29
pay for 지불하다	250	**pull on** 잡아당기다	76
pay in 지불하다	250	**pull over** 주차하다	63
pay off 돈을 갚다	268	**pull up** 주차하다	63
pay up 돈을 갚다	268	**push against** 밀어붙이다	76
pay with 지불하다	250	**put aside** 저축하다	266
persuade of 설득하다	211	**put away** 저축하다	266
phone up 전화 걸다	150	**put down** 필기하다	241
pick on 괴롭히다	116	**put in** 설치하다	290
pick out 선택하다	110	**put off** 벗다	29
pick up 태우다	60	연기하다	281
공부하다	232	**put on** 입다	28
prepare for 준비하다	113	화장하다	30
present A to B 소개하다	128	바꿔 주다	152
prevail on 설득하다	211	**put through** 바꿔 주다	152
price down 가격을 내리다	214	**put up at** 머물다	282

quarrel with 말다툼 하다 142

r

rat on 고자질하다	146	ring off 전화를 끊다	154
recover from 회복하다	261	ring up 전화 걸다	150
register for 수강신청을 하다	229	run across 우연히 만나다	125
rely on 의존하다	177	run down 달리다	80
reply to 대답하다	143	run into 충돌하다	64
resign from 퇴직하다	194	우연히 만나다	124
respond to 대답하다	143	run over 충돌하다	64
retire from 퇴직하다	194	run up 달리다	80
return to 돌아가다	75		

s

save up 저축하다	266	sit by 앉다	78
scream out 소리치다	141	sit down 앉다	78
search for 찾아보다	242	sit on 앉다	78
search into 조사하다	210	sit up 밤을 새다	42
see in 맞이하다	216	sleep in 자다	33
see off 배웅하다	135	slow down 속도를 줄이다	65
전송하다	216	smile at 웃다	106
see out 배웅하다	135	socialize with 사귀다	162
separate from 분리하다 / 분류하다	89	sort out 분리하다 / 분류하다	89
set about 착수하다	209	speak of 말하다	137
set off 출발하다	278	speak out 공개적으로 말하다	140
set out 출발하다	278	speak to 말하다	138
set out to 착수하다	209	speak up 공개적으로 말하다	140
set up 설치하다	290	specialize in 전공하다	227
settle down 살다	36	speed up 속도를 내다	65
진정하다	103	split up 헤어지다	167
shoot up 성장하다	177	spread out 빨래를 널다	53
show off 자랑하다	119	stand by 구경하다	97
show up 나타나다	118	지지하다	203
sign in 로그인 하다	296	stand up 서다	79
sign out 로그아웃 하다	297	바람맞히다	165
sign up 가입하다	298	stand up for 지지하다	203
sign up for 수강신청을 하다	229	stare at 빤히 쳐다보다	94

stay in bed 자다	33	succeed in 성공하다	114
stay up 밤을 새다	42	suffer from 병을 앓다	257
stick to 고집하다	112	swap A with B 교환하다	253
stop by 잠시 들르다	280	switch off (컴퓨터를) 끄다	289
stop over 머물다	282	switch on (컴퓨터를) 켜다	288
straighten up 정리하다	50	sympathize for 동정하다	104
strive for 노력하다	235		

take away 가져가다	255	think about ~을 생각하다	82
take back 취소하다	217	think of ~을 생각하다	82
반품하다	254	think of A as B 간주하다	84
take down 필기하다	241	think over 곰곰이 생각하다	83
take in 빨래를 걷다	54	think up 생각해 내다	85
구경하다	97	throw away 버리다	51
take off 벗다	29	throw off 벗다	29
화장을 지우다	31	throw up 토하다	258
휴가 내다	189	tidy up 정리하다	50
깎아주다	251	top off 기름을 채우다	66
이륙하다	276	total up 합산하다	252
take on 태우다	61	touch down 착륙하다	277
고용하다	192	treat to 대접하다	131
take out 가져가다	255	trust in 믿다	87
인출하다	267	try on ~해 보다	249
talk about 말하다	137	try out ~해 보다	249
talk away 수다를 떨다	139	tune up 정비하다	62
talk back 말대꾸하다	144	turn against 배신하다	169
talk down to 야단치다	180	turn away from 외면하다	96
talk over 상의하다	86	turn in 잠자리에 들다	32
talk to 말하다	138	제출하다	240
tap into 접속하다	295	turn off (컴퓨터를) 끄다	289
tell A from B 구분하다 / 구별하다	88	turn on (컴퓨터를) 켜다	288
tell off 야단치다	180	turn to 의존하다	179
tell on 고자질하다	146	turn up 나타나다	118
thank for 감사하다	132		

wait on 간호하다	260	wipe off 화장을 지우다	31
wake up 일어나다	24	wipe up 닦다	49
walk around 서성거리다	74	withdraw from 인출하다	267
walk up to ~까지 가다	72	work at 일하다	186
warm up 운동하다	77	work for 일하다	186
wash off 화장을 지우다	31	work in 일하다	186
설거지하다	47	work on 노력하다	235
wash out 설거지하다	47	work out 운동하다	77
빨래하다	52	wrap up 마무리하다	207
wash up 씻다	25	write back 답장하다	157
설거지하다	47	write down 필기하다	241
watch out 조심하다	67	write out 작성하다	239
win over 설득하다	211	write up 작성하다	239
wind up 마무리하다	207		

yell out 소리치다   141